Sara Desirée Ruiz

El día que mi hija me llamó zorra

LIBROS
EN EL
BOLSILLO

© Sara Desirée Ruiz, 2022
© Editorial Almuzara, S.L., 2022
Edición en Libros en el Bolsillo, mayo de 2023
                    www.editorialalmuzara.com
                    info@almuzaralibros.com
                    Síguenos en redes sociales: @AlmuzaraLibros

Libros en el bolsillo: Óscar Córdoba
Edición: Ana Cabello
Impreso por BLACK PRINT

I.S.B.N: 978-84-11317-20-7
Depósito Legal: CO-694-2023

Código IBIC: VFXC1; VFV
Código THEMA: VFXC1; VFV
Código BISAC: FAM003000

Editorial Almuzara
Parque Logístico de Córdoba. Ctra. Palma del Río, km 4
C/8, Nave L2, n° 3. 14005 - Córdoba

Impreso en España - *Printed in Spain*

Dedico este libro a todas las personas implicadas en cambiar la mirada sobre la adolescencia y, especialmente, a aquellas que se ponen en acción y se esfuerzan por cuidarla y acompañarla como necesita.

Te lo dedico a ti, que eres una de ellas y has confiado en mí.

PRELUDIO

Este libro se compone de cinco partes. La primera es introductoria y tiene la intención de que revises aspectos importantes de tu enfoque cuando acompañas la adolescencia. Reorientar tu mirada y tu aproximación a las personas adolescentes que te rodean es imprescindible para empezar. La segunda te propone una inmersión en la etapa para que entiendas los procesos más importantes que se están llevando a cabo; saber lo que les pasa a las personas adolescentes es una asignatura obligatoria si quieres acompañarlas como necesitan. La tercera parte te orienta para que detectes los indicadores de riesgo; saber dónde mirar y qué debe preocuparte para activar tu intervención hará más eficiente y eficaz tu acompañamiento. En la cuarta parte encontrarás pautas concretas para atender lo que va pasando en la etapa. La última parte recoge algunas reflexiones importantes complementarias a todo lo que encuentras en los diferentes capítulos del libro y algunas consignas que te ayudarán a mantener el foco mientras acompañas la adolescencia.

PARTE 1
LA MIRADA Y EL ENFOQUE
CUANDO ACOMPAÑAMOS
LA ADOLESCENCIA

¿QUÉ NECESITAS REVISAR PARA
ACOMPAÑAR LA ADOLESCENCIA?

Con esta parte mi intención es que revises una serie de aspectos muy importantes que nos condicionan cuando acompañamos la adolescencia y que reflexiones sobre ellos.

A MÍ NO ME VA A PASAR

Cuando Candela tenía tres años era una niña «redondita y preciosa» de rizos castaños. Era encantadora y tenía una energía y una creatividad desbordantes. Una tarde Cristina, su madre, la llevó al parque al que solían ir a jugar después del colegio. Candela estaba feliz, jugando sola con la arena, cuando una niña que iba a su clase se le acercó y le dijo: «Candela, eres gorda». Candela pausó el juego, levantó la mirada, cogió aire y le dijo a la niña: «Alba, ¿por qué quieres hacerme daño?». Cristina, que estaba siendo espectadora del momentazo, se sintió orgullosa de su hija y, a pesar de la reacción asertiva de Candela, y temiendo que aquel suceso pudiese dejar alguna huella en su autoestima, de camino a casa le preguntó si aquello que le había dicho la niña le había hecho daño. Candela miró a su madre y le dijo, muy seria: «Mami, esa niña no está bien». Entonces, Cristina la abrazó y se la comió a besos, alucinando por aquella respuesta tan «madura para su edad» y Candela dijo: «Mami, te quiero mucho». Cristina explotó de felicidad y se sintió agradecida por tener aquella hija tan maravillosa. Durante tiempo, explicó aquella hazaña a todas sus amigas y familiares, y rezó para que aquella etapa no acabase y Candela no cambiase nunca.

Cuando Candela tenía catorce años estaba en el sofá de casa concentrada en su móvil. Cristina le dijo que se pasaba el día con el dichoso trasto, le recordó que debía ordenar su cuarto y lavar los platos. Le explicó que no vivía sola y que tenía responsabilidades. Entonces Candela, sin más, la miró con un desprecio infinito y le dijo: «Eres una zorra». Se levantó, se fue a su habitación y dio un portazo. A Cristina se le infló la vena e hizo constar a gritos desde donde estaba que «Así no se le habla a una madre» y que «Esta niña es una egoísta», a lo que Candela respondió a gritos desde su cuarto: «¡Te odio, ojalá no fueras mi madre!». En ese momento, Cristina se sintió morir y maldijo en hebreo por tener aquella hija tan «difícil». Jamás explicó a nadie aquella desagradable situación y rezó para que aquella etapa pasase pronto y Candela cambiase su actitud.

Entre esos dos momentos del pasado de Candela y Cristina, solo se abrió paso la fuerza del ciclo vital. El desarrollo imparable de nuestro cerebro y de nuestro cuerpo. Entre esos dos momentos se manifestó, con todas sus evidencias, la poderosa y silenciosa mano de la naturaleza que había estado empujando a Candela a crecer desde que nació.

El día que su hija la llamó «zorra» todo cambió «de repente». Ese día Cristina dejó de ser «mami» para convertirse en «la Zorra». Ese día, Cristina se dio cuenta de que su pequeña ya no era aquella niña adorable. Ese día Cristina sintió un nudo en el estómago y se echó a llorar «como una tonta», porque, ese día, Cristina entendió que Candela había crecido y ella había estado a por uvas y no lo había visto venir. Ese día Cristina deseó haber sabido por dónde iban los tiros. Quiso descubrir qué había hecho mal. Creyó ser la peor madre de la Tierra. Ese día Cristina, «la Zorra», sintió un miedo atroz de perder a su hija, de no saber cómo ayudarla, cómo «gobernarla», cómo evitar que fuera por caminos poco deseables... Ese día Cristina interpretó que su hija «estaba mal» y que ella era la «culpable».

Este libro es el que a «la Zorra» le hubiese ido de fábula

para verle las orejas al lobo y poder obrar en consecuencia antes de la tormenta. O lo que es lo mismo, es el libro que a Cristina le hubiese gustado tener cerca para aprender a detectar las evidencias del paso del tiempo en las conductas de Candela y evitar las circunstancias desagradables que acontecieron. Aquí encontrarás la información y las pautas necesarias para que no te pase lo que a Cristina. Este libro te prepara para que la adolescencia no te pille desprevenida y puedas disfrutarla como una aventura en lugar de sufrirla como una tortura. Es el libro que te acompañará para que nunca te sientas sola mientras las personas adolescentes de tu vida manifiestan en todo su esplendor las perlas de la etapa. Un libro que te prepara para que puedas verla venir y entrenar con antelación tu capacidad para moverte entre la firmeza y la ternura.

Porque no eres una mala madre, no eres un mal padre, no eres mal profesional. Solo te hace falta una actualización. Actualízate a la versión adolescente de las personas adolescentes de tu vida y, en lugar de temerla, estarás deseando que llegue esta etapa para aportar a tu «Candela» particular mil oportunidades para crecer, desarrollarse y tener la mejor vida que pueda tener. Y si, al conocer la historia de Cristina, has pensado que a ti no te va a pasar, este libro es especialmente para ti. A educar se aprende y quiero demostrarte que lo que le pasa a «tu Candela» no es personal, es cerebral y ahora te necesita más que nunca. La adolescencia es la última oportunidad de incidir en su desarrollo antes de que la vida adulta la atrape en su red de obligaciones, responsabilidades, urgencias y consecuencias varias. Vale la pena ser, estar y prestar atención.

REFLEXIONAR NOS
AYUDA A APRENDER

Una de las cosas que tenemos que hacer las personas adultas antes de acompañar la adolescencia es reflexionar. Hacernos algunas preguntas nos facilitará la tarea de transitar esta etapa con las personas adolescentes que nos rodean. La reflexión nos ayudará y animará a aprender una nueva forma de estar junto a ellas en este momento de su ciclo vital. Vas a aprender una nueva manera de comunicarte, una nueva manera de mirar, una nueva manera de estar en su vida, vuestra relación va a transformarse y es muy importante que, antes de ir al grano y entrar de lleno en el aprendizaje de todo lo que va a ayudarte a acompañarlas, te hagas algunas preguntas y te enfrasques en algunas reflexiones. Por eso los primeros capítulos de este libro van a estimular tus reflexiones sobre ciertos aspectos importantes relacionados contigo y con la etapa. Estas reflexiones tienen el objetivo de poner tu atención en ciertos asuntos que, como personas adultas, debemos revisar si queremos entender y acompañar realmente la adolescencia. Reflexionar nos ayuda a aprender, y vamos a tener que aprender mucho para poder acompañarlas como necesitan. La reflexión es la puerta del conocimiento, la llave de nuestra tranquilidad y, como verás más adelante, una gran estrategia educativa. Cuanto más conozcas la etapa, mayor tranquilidad experimentarás.

LA PRIMERA REFLEXIÓN

Cuando «tu Candela» era pequeña te asegurabas de aprender lo necesario para que ella se desarrollase de forma adecuada. Leías y te informabas para estimular al máximo el desarrollo de su cerebro y de su cuerpo. Conocías las necesidades de cada una de sus etapas y sabías que no podías exigirle todo aquello que no correspondía al momento de desarrollo en el que se encontraba. No se te hubiese ocurrido jamás pedirle a «tu Candela» que empezase a andar con tres meses de vida, o que hiciese pipí sola en el baño con un año de vida. Tampoco te habrías enfadado si no supiese leer a los dos años y, sin duda, te hubieses preocupado si a los ocho años aún no hubiese aprendido a hablar. Seguro que habrías buscado ayuda profesional mucho antes de llegar a los ocho años si hubiese sido así. Es probable que pensases más antes de hacer algo y que lo que hicieses tuviese una fuente de información fiable.

Durante la infancia las necesidades están claras, solemos informarnos a medida que la edad avanza y podemos identificar con mayor acierto si lo que sucede es adecuado o debe preocuparnos. Lo que acostumbra a pasar cuando se llega a la adolescencia, en cambio, es que se suele frenar el aprendizaje en seco. Lamentablemente, interpretamos que ya «deben» saber hacerlo todo solas, que «deben» saber cómo estudiar, cómo hacer las tareas de casa, cómo escoger a sus amistades, cómo mantener una relación saludable, cómo comunicarse de forma asertiva, cómo calmar su malestar emocional, cómo planificar su tiempo, cómo tomar las mejores decisiones, y un largo etc., y no reparamos en que quizá no estén preparadas para ello solo por el hecho de que lleven tiempo viéndonos hacer o escuchándonos decir determinadas cosas.

Así que te lanzo unas reflexiones para empezar, y te animo a que escojas un cuaderno que te acompañe para tomar nota de ellas. Será tu cuaderno de bitácora. Así podrás seguir tu proceso de aprendizaje, conservar tus descubrimientos, tener presentes tus limitaciones y detectar temas de gran importancia en el día a día con las personas adolescentes de tu vida. La primera reflexión que puede resultarte de utilidad es: ¿En qué se basan las decisiones que tomas en relación a las personas adolescentes de tu vida? Las reflexiones que te propongo solo tienen el objetivo de poner atención y generar consciencia para empezar tu proceso desde un lugar conocido. Así sabrás cómo estás y qué te conviene atender.

Una persona adolescente necesita que su familia entienda lo mejor posible su momento vital y le facilite el entorno necesario para desarrollarse adecuadamente. La adolescencia no suele ser cómoda para las personas adultas porque para sobrevivir en el mundo adulto necesitamos mantener un estado de ánimo estable para enfrentarnos a nuestro día a día lleno de responsabilidades. Necesitamos disponer de grandes dotes de planificación para cuadrar en nuestras agendas todo lo que hacemos. Necesitamos ser personas medianamente soportables y reaccionar dentro de unos parámetros socialmente consensuados. Necesitamos tener la capacidad de tomar decisiones, sopesando todas las opciones, en un tiempo prudencial, y, en muchas ocasiones, el tiempo apremia y debemos hacerlo lo más rápido posible. Así que no es de extrañar que, si desconocemos la etapa, las personas adolescentes nos parezcan insoportables, ingobernables, impredecibles e impulsivas, porque no suelen responder a nuestras necesidades.

El primer error que se suele cometer es mirar y evaluar sus conductas desde la mirada adulta, lo que dificulta enormemente acompañarlas como requiere este momento de su ciclo vital y hace que se generen un montón de conflictos y situaciones desagradables e innecesarias. El primer paso para acompañarlas como necesitan es entender bien en qué consiste la adolescencia. Saber qué sucede y conocer sus necesidades. Si entiendes lo que les está pasando, cuál es tu papel, qué puedes hacer para ayudarlas y aprendes a mirarlas desde el lugar que necesitan ser miradas, vuestra relación se reforzará, las atenderás adecuadamente y podrán desarrollarse aprovechando al máximo su potencial.

REDONDITA Y PRECIOSA

Cuando educamos, nuestras conductas y palabras tienen un gran poder. Las personas aprendemos en contacto con otras personas que tienen mayor experiencia que nosotras. Aprendemos en entornos en los que hacemos cosas con esas personas o en los que vemos a esas personas hacer cosas. Aprendemos de lo que vemos en ellas, de lo que hacemos con ellas y de todo lo que se hace y se dice a nuestro alrededor, pero, sobre todo, aprendemos cuando alguien nos ayuda a encontrar significado a lo que pasa, a lo que hacemos y vivimos, cuando alguien nos acompaña para que podamos elaborar nuestras experiencias. Cuando alguien nos ayuda a enfocar la mirada para que podamos descubrir lo que podemos mejorar y cómo podemos hacerlo. Ser conscientes de que lo que hacemos o decimos ya está dejando una huella en ellas es muy importante. Por eso vale la pena reflexionar sobre la forma en la que estamos, cómo hacemos lo que hacemos y cómo nos comunicamos cuando estamos educando.

La escuela o la familia son entornos en los que las personas pasamos la mayor parte de nuestro tiempo durante la infancia y en los cuales se generan muchísimos de los aprendizajes que impactarán en nuestro desarrollo y formarán parte de nuestra educación, así que cuando las personas llegan a la adolescencia, las bases que se han sentado en la infancia marcarán el punto de partida, pero no serán lo único a tener en cuenta, como verás más adelante.

LA SEGUNDA REFLEXIÓN

Plantearse cambiar ciertos hábitos puede parecer complicado al principio y, sin duda, requiere de esfuerzo y determinación, pero es imprescindible poner atención a lo que hacemos delante de ellas o a lo que les decimos, porque eso puede ayudarnos a comprender lo que hacen, lo que dicen, lo que les pasa y puede ayudarnos a evitar mandar mensajes que las confundan. Si «tu Candela» ha estado recibiendo siempre mensajes del tipo: «Esta chica estaba mejor cuando estaba más delgada», «vaya, parece que tu Candela se ha engordado», «¡Ay, qué redondita que está mi niña! », «Uy, qué gorda se ha puesto esta actriz», «Voy a hacer dieta porque he cogido unos kilos» es probable que «tu Candela» empiece a decirse a ella misma que está gorda y que debería estar más delgada, o que haya internalizado que hay un tipo de cuerpo que está «bien» y otro tipo de cuerpo que está «mal». Y si a eso se le suman las personas que son referentes en los medios de comunicación, el cine, la música, una buena cuota de redes sociales llenas de imágenes de cuerpos de determinadas características con miles de *likes*, otra cuota de factores de riesgo diversos, una falta de factores de protección y las características propias de la etapa, que conocerás más adelante, puede que «tu Candela» experimente algunas dificultades durante su adolescencia.

Esto solo es un ejemplo para ilustrar la importancia de los mensajes que mandamos en su presencia y de lo necesario que es que trabajemos en cómo hacemos y decimos las cosas a su alrededor y en cómo las ayudamos para que puedan comprender lo que pasa a su alrededor. Así que la siguiente reflexión que te lanzo es: ¿Eres consciente de cómo te muestras ante ellas y de cómo te comunicas? El segundo error que se suele cometer es no tener en cuenta que el pasado ha dejado ya una huella en ellas y que algunas cosas que pasan son resultado de ese pasado, aunque eso no quiere decir que no podamos hacer nada, todo lo contrario; como verás, hay mucho por hacer. El segundo paso para acompañarlas como necesitan es revisar nuestra manera de mostrarnos y de comunicarnos en su presencia y poner lo que podamos de nuestra parte para mejorar los aspectos que queramos mejorar.

Y, hablando de palabras y comunicación, habrás notado que utilizo el femenino genérico para comunicarme. Si no me sigues en redes sociales puede que no sepas que lo utilizo porque somos «personas», que es un sustantivo femenino, y porque me encuentro, desde hace años, en la búsqueda de un lenguaje más inclusivo que, de momento, me ha traído aquí. Es extraordinario cómo, después de un tiempo intentando cambiar este hábito comunicativo, escuchar a alguien hablar en masculino me resulta muy extraño. Habiendo sido educada en un entorno donde el masculino era el género predominante, hablar en femenino es todo un reto. Te pasará lo mismo cuando empieces a cambiar tu manera de estar con las personas adolescentes de tu vida. Cuando empieces a cambiar tu manera de dirigirte a ellas y a plantearles opciones educativas, cuando empieces a moverte de forma diferente te sentirás extraña.

Las personas de tu entorno te dirán cosas que te harán dudar. Cuando empezamos a cambiar puede doler. Cuando queremos aprender a hacer las cosas de forma diferente, podemos sentirnos mal por el camino y podemos encontrar a personas en nuestro entorno que no nos lo pongan fácil. Podemos sentirnos incómodas, desprotegidas y desorientadas. Nuestras creencias limitantes, nuestras resistencias adultas nos muestran el roce de los amarres cuando nos movemos e intentamos liberarnos; nos muestran el poder que han tenido esos mensajes que hemos recibido hasta el momento. Las personas adolescentes de tu vida están recibiendo ahora mensajes que tú les das y están construyendo su discurso interno, entre otras cosas, con lo que tú les dices, de la misma forma en la que tú integraste en su momento los mensajes de tu entorno. Lo que tú dices o haces puede convertirse en los amarres que las dejen moverse con mayor o menor libertad en su vida adulta.

Con este libro vas a dudar, tus creencias van a manifestarse, van a hacer ruido y van a mandarte mensajes que te invito a poner en cuarentena hasta que acabes la lectura. La función de este libro es acompañarte para transformar todo lo que no te sirve para acompañar la adolescencia, y para identificar ese «todo», vas a tener que identificar primero todas o, al menos, algunas de sus partes.

MADURA PARA SU EDAD

El aspecto de las personas adolescentes nos confunde. Como su cuerpo ya se ha desarrollado bastante y se va acercando a lo que reconocemos como cuerpo adulto, podemos interpretar que ya estamos ante personas adultas que comprenden el mundo como nosotras lo hacemos. También suele darse la circunstancia de que suelen saber lo que la familia quiere oír porque llevan toda su vida escuchándola e internalizando formas de decir y hacer las cosas que provienen de su entorno familiar y que acaban convirtiéndose en su propia forma de pensar, en su propio discurso interno, en cómo se hablan a sí mismas y en cómo hablan a las demás.

Esos amarres de los que hablábamos antes. Las personas adolescentes creen saber lo que vamos a aprobar y lo que no vamos a aprobar de su conducta. Por las características del pensamiento adolescente, que conocerás más adelante, la capacidad creativa de esta etapa es espectacular y muchas veces suelen decir cosas que nos dejan muy tranquilas, que hacen que pensemos que no van a enfrentarse a esos riesgos que conlleva la etapa y que tanto tememos. Ahí respiramos aliviadas y bajamos la guardia. Puede que «tu Candela» te haya sorprendido con afirmaciones como: «Yo no voy a beber nunca, ¡qué asco!» o «Las drogas son lo peor, yo paso» o «Voy a aprobarlo todo, mamá, te lo prometo» o «Yo controlo», cuando detectas que ha bebido, o «Que ya lo sé, mamá», cuando sale el tema del sexo. Ante esas afirmaciones, conviene no bajar la guardia y seguir alerta, porque en muchas ocasiones la realidad nos hace aterrizar de forma abrupta.

LA TERCERA REFLEXIÓN

La adolescencia es una etapa de gran ambivalencia en la que se manifiestan poderosamente dos fuerzas opuestas. Por un lado, la necesidad de ser autónomas, arriesgarse y experimentar por su cuenta junto a sus iguales. Por otro lado, la necesidad de sentirse seguras y la dependencia indiscutible de la familia. Por eso no es extraño que, si «tu Candela» se va unos días a casa de su abuela a pasar el verano, meta en su maleta su móvil y el portátil o la tableta, pero también ese peluche que conserva desde que era muy pequeña. Ese ejemplo es la expresión perfecta de la ambivalencia adolescente. El móvil representa la necesidad de ser autónomas y el peluche la necesidad de sentirse tan seguras como cuando están en casa, protegidas por la familia. Esas dos necesidades tan opuestas prevalecen durante toda la etapa y es importante aprender a estar con ellas en esa ambivalencia porque no es algo que ellas decidan, es algo que pasa. Así que, aunque lo parezca muchas veces, nunca debemos perder la perspectiva.

Ninguna adolescente es, ni debería ser, madura para su edad, aunque hay adolescentes que han forjado su carácter a partir de experiencias diversas —muchas de ellas desagradables, de las que han extraído aprendizajes valiosos—, todavía no podemos esperar ni pretender que actúen como personas adultas porque no lo son. Así que la tercera pregunta que puede serte de utilidad para prepararte y acompañar la adolescencia es: ¿Recuerdas lo que fue la adolescencia para ti? Si eres capaz de recordar tu propio proceso, tus dudas, tus cambios, tus dilemas, tus errores, tus experiencias, puede resultarte más sencillo empatizar con las suyas. No es imprescindible recordar la propia adolescencia para acompañarla, de hecho, muchas personas no recordamos algunos momentos o muchos de ellos porque nuestro cerebro es capaz de protegernos de lo desagradable escondiéndolo a nuestra mirada, pero si eres capaz de recordar algunos momentos, sin duda te acercarán a ese estado adolescente en el que coexisten emociones y situaciones tan contradictorias. Si no recuerdas prácticamente nada, no te preocupes demasiado, aunque ahí tienes una pista de la importancia de la etapa. El tercer error que se suele cometer es no tener en cuenta esta ambivalencia y penalizar los momentos en los que «tu Candela» busca seguridad o la distancia de la familia. Ambos momentos son parte necesaria de la etapa. El tercer paso para acompañarlas como necesitan es tener en cuenta que es una etapa llena de momentos contradictorios que son naturales y necesarios para su desarrollo. Evitemos decirles cosas como: «Es que no hay quien te entienda, aclárate, ayer llorabas porque hemos olvidado el osito en casa y hoy vuelves borracha, por ahí no vamos bien».

ASÍ NO SE LE HABLA A UNA MADRE

La seguridad que necesitan para desarrollarse adecuadamente en esta etapa es la que permite a las personas adolescentes hablarte «mal». Aunque pueda parecerte extraño, hablarte «mal» te indica que les has dado la seguridad suficiente para mostrarse en todo su esplendor y, precisamente eso es lo que hace que puedas acompañarlas. Que se sientan seguras las va a ayudar a transitar la adolescencia hasta su vida adulta y te va a facilitar cumplir tu función en este período, que es muy importante. «Tu Candela» te necesita más que nunca, pero de forma diferente. Lo que vas a aprender con este libro es cómo actuar en todos esos momentos en los que hace cosas que no son adecuadas. Así podrás ir más allá de lo que sientes cuando observas una conducta de ese tipo. Cuando te habla «mal» o cuando en el instituto te dicen que es un encanto de persona y tú te muerdes la lengua y piensas para tus adentros: «Si la vieras en casa no dirías eso». Cuando te hacen ese comentario las personas de fuera —las personas que forman parte de los otros entornos en los que «tu Candela» se mueve—, debes felicitarte.

Todas esas bases que has ido sentando en su infancia se manifiestan cuando se siente insegura, cuando está en contacto con otras personas que no forman parte de su núcleo seguro. Cuando necesita la aceptación de otras personas hace acopio de todo lo que ha internalizado ya, y en eso has tenido mucho que ver.

LA CUARTA REFLEXIÓN

Ojalá fuera tan sencillo no entrar al trapo cuando te dice algo o hace algo que no debería. Cuando hace o dice algo que te hace daño o hace daño a las demás personas de la familia. No es nada sencillo asistir a ciertos momentos adolescentes en los que la emoción, como verás, les dificulta ajustar su conducta a lo que la situación requiere. Es importante que estés preparada para ciertos tipos de respuesta a tus indicaciones, consejos, sugerencias, exigencias, propuestas... Puede que esta pregunta te ayude: ¿Qué te pasa cuando te da una respuesta que no esperas? Revisar lo que nos pasa en los momentos de crisis nos ayudará a detectar en qué debemos concentrarnos, y te animo a que lo hagas porque será mucho más sencillo acompañar la adolescencia si analizas tu funcionamiento, si te entiendes, te conoces y te cuidas. Tú eres una persona muy importante en el proceso de desarrollo de las personas adolescentes de tu vida, cuanto mejor estés tú, mejor podrás acompañarlas. El cuarto error que se suele cometer es creer que lo que hacen o dicen es personal. Que nos odian, que tienen algo contra nosotras, que quieren fastidiarnos, en lugar de ver el momento como una oportunidad para ayudarlas a desarrollarse adecuadamente. El cuarto paso para acompañarlas como necesitan es tener en cuenta que lo que hacen o dicen es consecuencia directa de los cambios cognitivos, físicos, emocionales y sociales que están experimentando y que necesitan que las ayudemos a adquirir perspectiva, a entender lo que les pasa y a ajustar sus conductas.

ES UNA EGOÍSTA

En muchas ocasiones confundimos con egoísmo el egocentrismo propio de la etapa, que se experimenta como resultado natural del desarrollo de su cerebro. Que las personas adolescentes se sientan todo el tiempo el centro de atención no quiere decir que sientan un excesivo amor hacia ellas mismas o que descuiden a las demás personas. Las personas adolescentes no son egoístas, como verás más adelante, sino egocéntricas. De hecho, suelen tener una autoestima muy lábil y, aunque tienen difícil aún empatizar, suelen ser bastante solidarias, nada que ver con las personas egoístas. En este momento de su ciclo vital, son el centro de todo cuanto acontece, para lo bueno y para lo malo, para lo agradable y para lo desagradable, así que necesitarán de nuestra perspectiva adulta en muchas ocasiones porque ellas aún no pueden alejarse de sí mismas para analizar una determinada situación si están involucradas en ella. Son las protagonistas de una película maravillosa que se titula *Es mi vida*, que está en versión original y que nos cuesta entender, en muchas ocasiones, a las personas adultas que las acompañamos.

Las personas adolescentes de tu vida necesitan que estés en el estreno de su película comiendo palomitas y preparada para sacar los pañuelos y las chuches si son necesarias, pero disfrutando. Observando atenta, en las sombras, escuchando con interés, intentando entender la historia, aunque no entiendas el idioma. Leyendo a duras penas los subtítulos. Valorando el vestuario, la banda sonora, el grupo de artistas que participan, la luz, el color, los diferentes planos cortos, medios, generales. Las diferentes escenas. Las diferentes secuencias.

También necesitan que las acompañes para entender lo que no funciona en la película y aprender lo que puede mejorarse, con complicidad, desde la mirada externa que observa con atención y ganas de enamorarse de cada fotograma. Con la ilusión de descubrir una historia vibrante que la conecte con las emociones. Quizá llorar, quizá reír. Reír con ellas, llorar con ellas. Entender su dolor y ayudarlas a sostenerlo. Acompañarlas para que aprendan a vivir en el mundo en el que estamos. Prepararlas para que, si no ganan un Goya, puedan vivir tranquilas con la convicción de que han explicado una buena historia. Nuestras vidas, al fin y al cabo, son historias que contamos siempre desde el principio cuando llega el final. Dales la posibilidad de que la suya tenga un buen argumento.

LA QUINTA REFLEXIÓN

Para poder darles la perspectiva que necesitan, primero tienes que ponerla tú. Tienes que poder distanciarte y verlas como lo que son, personas en desarrollo que todavía no pueden entender con profundidad. «Tu Candela» está pasando ahora todo lo que le sucede por el filtro del egocentrismo adolescente. Puede que crea que es la culpable de muchas cosas, que se ríen de ella, que no puede conseguirlo, que lo experimentado solo le sucede a ella, que nadie la entiende, que todo le pasa a ella, que nunca va a encontrar a nadie que la quiera como es, que su cuerpo no está bien, que es la mejor del mundo, que ella todo lo puede… Va a necesitarte cerca para ayudarla a tomar perspectiva.

Quizá esta pregunta te sea útil para reflexionar: ¿Qué sueles hacer cuando descubres que está afectada por algo? El quinto error que se suele cometer es restar importancia a lo que sienten. Creer que pueden arreglárselas solas cuando les ha pasado algo de intensidad. Que con una frase del tipo «tranquila, no es para tanto», las vamos a ayudar. Que, si son suficientemente mayores para salir con sus amistades hasta altas horas, para tener relaciones sexuales o para beber, también lo son para regular lo que les pasa y para darle significado a lo que viven. Y no es así. El quinto paso para acompañar la adolescencia como necesitan es entender que nosotras somos una pieza clave en lo que aprenden, en el recuerdo que guarden de las experiencias que viven y que, por lo tanto, deberemos reconfigurar nuestra forma de estar a su alrededor para poder ser la figura de ayuda que podemos ser en este momento de su ciclo vital.

DIFÍCIL

Las personas adolescentes no son «difíciles». Los procesos de transformación personal, crecer, desarrollarnos, no son procesos sencillos. Intervienen en ellos muchos factores y no todos dependen de lo que hagamos. No hay fórmulas ni recetas. Cada caso es cada caso y cada adolescente es cada adolescente. Si tienes varias personas adolescentes alrededor, no te va a servir hacer lo mismo con todas. Te va a servir entender lo que necesita cada una y para ello vas a tener que observar y estar dispuesta a adentrarte en la aventura de descubrirlas por separado.

Con las herramientas que tienes en este libro, vas a poder acompañar las necesidades de cada una desde la escucha, la identificación de las características particulares, la detección de los indicadores de riesgo en cada una y vas a entrenar tu capacidad de acompañar desde la prudencia, con paciencia y seguridad. Nada de lo que hagamos va a ser fácil ni puede asegurarnos un resultado concreto, y menos un resultado esperado, pero tenemos que seguir adelante con la esperanza de que lo que hacemos tiene sentido, manteniendo a raya las expectativas que nos dictan nuestras creencias.

Es todo un reto aprender a dejar atrás las expectativas y desarrollar nuevos hábitos, pero es posible y va a significar un antes y un después en la relación con las personas adolescentes de tu vida.

LA SEXTA REFLEXIÓN

Todo eso parece difícil y puede llegar a complicarse mucho si no nos ponemos manos a la obra. Puede que ahora estés pensando que es demasiado trabajo, que tendría que ser más sencillo, que debe haber alguna forma más fácil de ayudarlas a transitar esta etapa, pero lo cierto es que no la hay. No hay ninguna manera sencilla de acompañar la adolescencia, pero, y aquí te lanzo la sexta pregunta para reflexionar: ¿Fue sencillo acompañarla en su infancia? Esta sexta reflexión viene acompañada de dos evidencias. La primera es que en la infancia todo es igualmente complejo, pero solemos tener más herramientas porque nos hemos preocupado de ello, hemos buscado, sabemos lo que hay que hacer, damos por supuesto que nos va a llevar un tiempo y un esfuerzo. Tenemos más o menos claro lo que sucede en la etapa e invertimos mucho para proteger sus necesidades.

La segunda es que, durante la infancia, las personas adultas tenemos mayor control sobre las diferentes situaciones que se producen. La cesión progresiva del control que necesita la adolescencia es un reto para las personas adultas. En la adolescencia las necesidades son muy diferentes, se cuestiona constantemente la autoridad y la sensación de pérdida de control sobre ellas puede hacer que empecemos una lucha de poder nada recomendable si queremos acompañarlas. Por difícil que parezca, es importante que las personas adolescentes de tu vida puedan tener a una distancia prudente a sus personas adultas de referencia, es importante que puedan contar contigo, porque cuando identificamos los primeros signos de la etapa, todo empieza a coger velocidad, las cosas pasan muy rápido y las experiencias pueden llegar a ser muy intensas y perturbadoras si no sabemos qué hacer. El sexto error que se suele cometer es dejar de esforzarse cuando la cosa se pone difícil. Dejar de buscar la forma de llegar a ellas. Podemos rendirnos en nombre de la etapa. Podemos hablar mal de ella. Decimos: «es imposible», «está imposible». El sexto paso, para acompañar la adolescencia como se necesita, es despojarnos de la creencia de que no podemos hacer nada mejor, de que es demasiado difícil. Debemos dejar de temer y dejar de autoconvencernos de que la adolescencia es una etapa terrible y que tenemos que controlar mediante prohibiciones y castigos, es decir, mediante demostraciones constantes de poder.

DE REPENTE

Cuesta ir soltando cuerda después de tantos años ocupándote de su educación y buscando la forma de mantenerlo todo bajo control. Cuando parece que ya has aprendido a descifrar sus necesidades, de repente, cambia el guion. Llega la adolescencia y parece que tengas que volver a empezar de cero. Y es que ahí está el secreto. Nunca se aprende todo. Nunca se sabe todo. Nunca nada es de una misma forma para siempre. El secreto está en adaptarnos y seguir aprendiendo para vivir de la mejor manera posible lo que nos vamos encontrando.

Es extraño que, después de haber pasado nosotras mismas una adolescencia, no sepamos qué necesitan o cómo cubrir sus necesidades. No sepamos identificar las señales. Nos ponemos nerviosas, fiscalizamos su intimidad y nos podemos convertir, sin querer, en personas controladoras, autoritarias y catastrofistas: «¿Con quién irás? ¿Dónde iréis, qué haréis? Vuelves a las diez y no se hable más. Como no vuelvas a las diez... Te puede pasar algo malo, tú no sabes cómo es el mundo»… Aparece la *Zorra*.

La cuestión es que: ni la adolescencia llega de repente, ni tienes que empezar de cero, ni situarte en una posición de autoridad te va a ayudar a comunicarte con ellas o a hacer que confíen en ti. Y, por supuesto, registrar sus cosas no te va a acercar más a ellas ni te va a permitir conocerlas en esta nueva etapa. A mi madre le pusimos un mote. La llamamos «Mamatopo» porque durante nuestra adolescencia nos registraba las habitaciones cuando no estábamos en casa. Lo hacía para descubrir si «íbamos bien». Si estábamos corriendo algún peligro. Si había algo «malo» que ella no sabía sobre nosotras. Su intención era protegernos y ayudarnos, claro está. Era lo que se le ocurría hacer. Era todo «por nuestro bien». La llamamos así cariñosamente porque cuando nos convertimos en un misterio para ella, cuando dejamos de hablar y contarle cosas, se le ocurrió transformarse en una espía topillo. Esto ocurre en muchos hogares. Registrar sus cosas es una opción arriesgada. Si registras tienes que estar preparada para descubrir lo que vas a descubrir y también para gestionar lo que te pase con lo que descubras y lo que puede suceder a partir de lo que descubras. Si registras y no estás preparada, pueden generarse conflictos que os hagan pasar muy malos ratos y de los que no se extraigan aprendizajes significativos. Si estás atenta al desarrollo de «tu Candela», evitarás que la adolescencia te explote en la cara cuando descubras algo que, aunque para ti sea «de repente», lleva sucediendo ya algún tiempo.

LA SÉPTIMA REFLEXIÓN

La adolescencia no pasa de repente. Nuestro desarrollo es progresivo, no pasa todo a la vez ni de un día para otro. De ahí la necesidad de que aprendamos a observar, a mirar con la intención de descubrir.

A partir de los nueve años ya podemos identificar algunas de las características de la adolescencia, aunque no solemos darnos cuenta hasta mucho más adelante, cuando dejan de hacer algo que siempre hacían y que nos gustaba o cuando hacen algo que nunca hacían y que no nos gusta.

Ahí empezamos a pensar que han cambiado, que ya no son las mismas, que las hemos perdido. Puedes pensar, incluso, que te caen mal, que no te gusta cómo son. Si es el caso, te invito a que, cuando las mires, recuerdes cómo eran cuando tenían tres años. Esa persona que tienes delante, y que ahora empieza una de las etapas más complejas y determinantes de su vida, es la misma que un día mirabas con ternura, a la que querías hacer fotos todo el tiempo y por el bienestar de la cual habrías hecho cualquier cosa. «Tu Candela», esa que veías jugar despreocupada en el parque con la arena, es la misma persona, pero está en un momento diferente de su ciclo vital, un momento crucial para la construcción de su identidad, para el desarrollo de su autonomía, para su autoestima, para su orientación laboral, para su relación con ella misma, con las demás personas y con el mundo en el que vive. Quizá, más que enfocarte en las diferencias, te sirva hacerte la pregunta: ¿Qué hay de «la Candela» que recuerdo en esta «nueva Candela»?

El séptimo error que se suele cometer es creer que la persona ha cambiado, que ya no es la misma. Y, claro, ¿cómo puede ser la misma si está en desarrollo todavía? ¿Tú eres la misma que cuando tenías veinticinco años? El séptimo paso para acompañar la adolescencia es identificar las señales que te alertan de que la etapa está empezando. Hacerlo es necesario para recuperar esa ternura con la que la mirabas y la tratabas antaño, así como la fuerza para seguir acompañándola.

COMO UNA TONTA

Las sorpresas nos dejan cara de tonta, a veces. Cuando no esperamos algo, reaccionamos de forma inmediata. Sin pensar. Cada una reacciona en función de sus aprendizajes. Puedes reaccionar bloqueándote, atacando, huyendo... Puedes quedarte de piedra, ponerte a dar berridos o echarte a llorar en la privacidad de tu cuarto. La adolescencia viene con muchos momentos de ese tipo. Es una etapa en la que las sorpresas van a producirse en mayor o menor medida. Es importante prepararse porque muchas de esas sorpresas nos hacen reaccionar de formas que hacen que las personas adolescentes tomen decisiones arriesgadas. Será vital que tu conducta no las empuje a hacer cosas que puedan tener mayores consecuencias. Respirar ante cada una de sus conductas, antes de intervenir, te evitará muchos momentos desagradables. Entender que lo que les ha pasado o lo que han hecho es una oportunidad educativa, te ayudará a ver con perspectiva la situación. Cada momento cuenta, la inmediatez y la importancia del momento presente son imperativos de la etapa. Las personas adolescentes necesitan tu aprobación y tu apoyo, aunque no lo parezca, aunque no te pidan ayuda, aunque incluso te rechacen cuando se la ofreces, es muy importante que no dejes pasar la oportunidad de descubrir qué es lo que realmente necesitan en cada momento.

LA OCTAVA REFLEXIÓN

Aunque duela, vamos a tener que dejarnos un poquito de lado cuando sea oportuno para atender la necesidad de protagonismo de la etapa. Eso no quiere decir descuidarte, para nada, verás que es imprescindible que te cuides a tope. Vas a tener que prestar más atención que nunca a las cosas que hace y dice «tu Candela» porque ahí vas a encontrar la clave para entender lo que le pasa y atender lo que necesita.

Aunque en muchos momentos vas a querer tirar la toalla, vas a querer volver a lo que hacías antes, vas a sentirte seducida por la tentación de volver a patrones autoritarios del pasado, te vas a descubrir pensando «No estoy para estas tonterías», «Antes no teníamos tantas tonterías y no estábamos tan mal»; vas a querer creer las voces que te dicen «Que se espabile ya, que no puede ser que todo gire a su alrededor»; vas a tener que respirar profundamente en esos momentos y recordarte a ti misma que, en materia de educación, hemos avanzado mucho desde el siglo XV y que, aunque las voces del pasado resuenen de forma insistente en tu cabeza, vas a tener que aprender a ignorarlas, mandarlas callar o invitarlas a actualizarse. Puede servirte preguntarte: ¿De quién son esas voces y cuál es su antigüedad? El octavo error que cometemos cuando acompañamos la adolescencia es escuchar y validar mensajes obsoletos sobre una supuesta educación que ha dado como resultado el mundo injusto y hostil en el que vivimos. A causa de esos mensajes, imponemos límites severos, castigamos, prohibimos, censuramos, juzgamos, manipulamos…

El octavo paso para acompañar la adolescencia es adaptarnos a los tiempos que corren en materia de educación e interesarnos por la actualidad. Hay muchas personas que están divulgando buenas prácticas educativas, buenas prácticas en lo que al acompañamiento de personas se refiere. Búscalas y asegúrate de que tienen formación y experiencia en el ámbito, asegúrate de que esas personas saben de lo que hablan y, solo entonces, escúchalas. Así evitaremos seguir pautas del siglo XV y perpetuar un mundo que nada tiene que ver con el presente.

LA ZORRA

A medida que pasan los años, vamos recalculando nuestra ruta cada vez con mayor habilidad. Vamos priorizando las cosas que son importantes para nosotras y apartando las que no. Nuestras experiencias vitales y nuestros aprendizajes juegan un papel fundamental en esa tarea. Creemos haber entendido ya lo que «es la vida» y conocemos lo dura que puede llegar a ser si no damos los pasos «adecuados», si no escogemos el camino «correcto». Además, si le sumamos a todo ello que nos enfrentamos a nuestro propio envejecimiento, a que nuestro cuerpo también cambia y nuestras necesidades con él, cuando llega la adolescencia nos suelen agobiar sus demandas, tan diferentes a lo que necesitamos nosotras. Con suerte te sentirás orgullosa de haber llegado hasta donde has llegado y haberlo hecho con esfuerzo. Con suerte te sentirás bien contigo misma y podrás afrontar el día a día adolescente y todas esas demandas con mayor serenidad. Si no es así, las exigencias diarias, las responsabilidades en el trabajo, la situación de tu relación de pareja (si la tienes), tu propia situación laboral, emocional, social y la salud de tu familia pueden resultar una carga muy pesada.

Por eso es tan importante que te cuides mucho en esta etapa y que busques ayuda profesional si necesitas poner en orden algunos aspectos de tu vida. Todo lo que hagas por ti lo estarás haciendo por las personas adolescentes de tu vida.

LA NOVENA REFLEXIÓN

Vas a querer mostrarles todo lo que eres hoy, todo lo que sabes. Vas a querer traspasarles todos tus aprendizajes, vas a querer que no sufran, que no se equivoquen, que no tomen decisiones que tú tomaste y que no te salieron bien. Vas a querer advertirles sobre los caminos más tortuosos, sobre las relaciones más complicadas. Vas a querer ahorrarles los peores momentos del aprendizaje, esos en los que nos equivocamos, nos duele y entendemos que hay que cambiar cosas. Porque te duele ver a «tu Candela» pasarlo mal. La mala noticia es que no puedes ahorrarles el dolor si quieres que aprendan. La buena noticia es que puedes estar ahí para ayudarlas a entender lo que les pasa y para que hagan sus propios aprendizajes. Es muy importante que no vuelques en «tu Candela» tus expectativas, tus frustraciones, tus errores. Quizá te sirva hacerte esta pregunta: ¿Qué hay de ti en lo que le indicas a ella? Piensa en lo que esconden los mensajes que les das a las personas adolescentes de tu vida.

El noveno error que cometemos es querer evitarles el proceso dándoles rápidamente la solución. Si lo que les decimos está contaminado con nuestros propios fantasmas del pasado, podemos estar obstaculizando su desarrollo pensando que estamos evitándoles un dolor que, además, no les vamos a poder evitar. Porque crecer duele en algunos momentos y el dolor forma parte de la vida. No hay atajos. El noveno paso para acompañar la adolescencia es aprender a estar ahí, junto a ellas, observando y haciendo frente a lo que va sucediendo sin proyectarnos en ellas, intentando no darles la solución a los problemas, sino facilitándoles un espacio para que ellas mismas descubran las respuestas. Aunque a veces duela.

GOBERNARLA

Es el momento de empezar a ceder el control de forma progresiva, aunque dé miedo y nuestro primer impulso sea mantenerlo. Es el momento de mirar fijamente esa tormenta que se avecina y prepararte para ocupar el lugar que te pertenece. No te rindas a pesar de las nubes negras. El objetivo es pasar juntas la tormenta. Sentir que las olas, el viento, la lluvia y los truenos, por fuertes que sean, por cerca que caigan los rayos, no nos tumban. No consiguen que dejes de esperar volver a ver la luz del sol. Más que gobernar a las personas adolescentes de tu vida, se trata de aprender a gobernar el barco juntas, enfrentando los riesgos con la seguridad que da saber que hay alguien que tiende su mano para que salgas a flote cuando has caído al mar y sientes que te hundes. Aprender a convivir en la tormenta.

Ese es el desafío de las personas que acompañamos la adolescencia. Tener siempre una mano a punto para tenderla si las personas adolescentes de tu vida se caen por la borda. Por grandes que sean las olas que vemos venir, hay que estar dispuestas a gobernar el barco haciendo gala de todos nuestros aprendizajes, paciencia, fuerza y esperanza. Tener listo el bote salvavidas para cruzar los tramos más peligrosos, los momentos más oscuros y en los que podemos sentir que todo está fuera de control. Las personas adolescentes se lanzan a la vida sin anclas, sin remos, sin timón ni salvavidas, empujadas por la fuerza de una poderosa tormenta que deja su barco absolutamente fuera de control. Si no estamos listas cuando zarpan, si no vemos venir las olas ni sabemos manejarnos en alta mar, si no estamos mirando cuando hace falta tender la mano, es probable que el mar nos engulla y que cada cual haga lo posible para salvarse como pueda.

No perdamos de vista jamás nuestro potencial para convertirnos en adultas de referencia de las personas adolescentes de nuestra vida. Tengamos siempre presente que, después de la tormenta, la cosa cambia y podemos encontrar la calma.

LA DÉCIMA REFLEXIÓN

La adolescencia pone a prueba nuestras creencias adultas, nuestra paciencia, nuestras expectativas, nuestra seguridad, nuestra autoestima, nuestros miedos... Aprender a convivir con su transformación va a ser muy importante porque sus cambios van a provocar también una transformación en nosotras. Es importante adaptarnos a esos cambios y ser permeables a lo que va a ir sucediendo, acompañarlas significa crecer con ellas. En su transformación está también la oportunidad para que nosotras nos transformemos y es importante abrirles la puerta a esa posibilidad. Si nos quedamos en las etapas anteriores, si nos anclamos al pasado y nos cerramos en banda al torrente de cambios que se van a producir, va a ser muy difícil que podamos ayudarlas a pasar por esta etapa lo mejor posible.

Así que la décima reflexión comienza con esta pregunta: ¿Estás preparada para entrenarte en esos nuevos hábitos que van a ayudarte a acompañarla? El décimo error que se suele cometer es aferrarse a la idea de que cualquier momento pasado fue mejor y perder la perspectiva de los cambios constantes que supone vivir. La sociedad cambia. Podemos opinar si nos gustan o no esos cambios. Puedes criticar la música que escucha «tu Candela», la ropa que lleva, cómo habla, pero nada de eso va a ayudarte a acompañarla en la vida. Vivir supone adaptarnos a lo que va sucediendo, ir desarrollando habilidades para tener mayor capacidad y aumentar nuestras competencias para salir adelante en las diferentes situaciones que nos encontramos. Vivir es adaptarse a los cambios, hacer algo con ellos y apañárnoslas para disfrutar lo máximo posible. Si tú te adaptas, tendrás más oportunidades de mandarle ese mensaje a ella también.

El décimo paso para acompañarlas como necesitan es entender que vamos a tener que actualizarnos y ponernos al día con lo que ahora forma parte del mundo, porque este mundo, el de hoy, es el mundo de las personas adolescentes de tu vida y está influyendo en su desarrollo ahora. Si te niegas la oportunidad de conocerlo, también te estás negando la oportunidad de ayudarlas a entender ese mundo y lo que le sucede en él.

ESTABA MAL

Cuando llega la adolescencia podemos pensar que están mal porque se producen cambios tremendos en su conducta que nos desorientan. Parece que se transforman en otras personas. Que «tu Candela», esa personita que aquel día en el parque te hizo sentir orgullosa, la que estabas acompañando y que, justo cuando creías tener dominado esto de la crianza, ha desaparecido de forma abrupta.

Ante sus reacciones y conductas, es tentador pensar que ellas están «mal». Que lo que hacen está «mal». Puede que notes que no les gusta lo mismo que a ti y que a ti no te gusta nada lo que les gusta a ellas. Puede que hagan cosas que nunca habéis hecho en casa, que digan cosas que nunca habéis dicho en casa. Forma parte del proceso de buscar su propia identidad. Construimos nuestra identidad por oposición, en primer lugar, a nuestra familia.

Por ese motivo no es difícil comprender que lo primero que hagan es buscar el lado opuesto en el que estáis vosotras y desmarcarse de lo que, hasta el momento, era algo que les resultaba agradable o que subrayen con fluorescente y tachen de horroroso aquello sobre lo que antes sentían indiferencia. Van a empezar a sentir intensamente, a contestarte, a hacer cosas arriesgadas, a preocuparse por cosas que para ti no tienen importancia. Eso forma parte de la etapa, como verás más adelante.

LA DECIMOPRIMERA REFLEXIÓN

Ante todas esas cosas que van a empezar a pasar, a «tu Candela» no le va a ayudar en absoluto que la juzgues, que le pongas etiquetas y que arrastres esas etiquetas durante toda la etapa e incluso durante toda su vida adulta. Quizá esta pregunta te ayude a identificar si tienes tendencia a juzgarla: ¿Sueles pensar que las cosas que le pasan a ella son tonterías? El decimoprimer error que se suele cometer es ignorar la importancia de lo que están viviendo y sintiendo, apelando a lo dura que es la vida adulta que ellas aún no pueden imaginar, a que son «demasiado jóvenes aún». Les decimos: «Eso no es nada, verás cuando seas mayor».

El decimoprimer paso para acompañarles como necesitan es tener en cuenta que lo que ellas experimentan es real para ellas, es de verdad, y que le quites importancia no las va a ayudar. Más adelante conocerás algunas estrategias para acompañarles en la regulación de sus emociones. Lo que les pasa es tan importante como lo que te pasa a ti, sencillamente porque está pasando ahora y para ellas todo su mundo se reduce a eso. Aún no disponen de los mapas mentales que tenemos nosotras, llenos de experiencias que nos han enseñado que las cosas pueden cambiar, que podemos sentirnos mejor, que nos han dado perspectiva y formas diversas para resolver las diferentes circunstancias en las que nos encontramos. No las etiquetemos y validemos sus emociones y experiencias. Validar va a ser una palabra muy importante en el acompañamiento de las personas adolescentes de tu vida.

CULPABLE

Si este libro ha llegado cuando ya llevas tiempo en la adolescencia, puede que te sientas un poco culpable con lo que has leído hasta aquí. Puede que hayas pensado que has cometido muchos errores, que, como Cristina —que creía que Candela estaba «mal» por su «culpa»—, creas que todo es responsabilidad tuya, que te has equivocado mucho. Una de las frases que más uso es «sin culpas ni dramas». Sé que es difícil no sentirse culpable, pero hay dos motivos por los que no deberías sentirte así. El primero, no sabías que algunas de las cosas que hacías podían dejar huellas que ahora dificultarían el camino y que estaban interfiriendo en su desarrollo. Nadie nace *enseñá*. Te doy la enhorabuena por querer aprender.

El segundo motivo, los factores que intervienen en nuestra educación son muchos, no solo ha dejado huella tu acompañamiento durante su infancia: los mensajes de la escuela, de las iguales, de sus amistades, de las diferentes personas adultas con las que se ha desarrollado, lo que genéticamente ya traía consigo, cómo su carácter se ha ido forjando por la forma en la que ha transitado las diferentes experiencias vividas... Así que lo dicho, sin culpas ni dramas.

LA DECIMOSEGUNDA REFLEXIÓN

La adolescencia es resultado de tres cosas, principalmente. Por un lado, de esas bases que tú le has ayudado a sentar en su infancia, de todos esos mensajes del entorno que ha recibido e internalizado, de cómo ha ido superando los diferentes retos y de la estimulación que haya recibido de la escuela, la familia, etc. Por otro lado, de los cambios propios de la etapa —que en breve conocerás—, que juegan un papel importantísimo en su conducta. Y en tercer lugar, la adolescencia es resultado del acompañamiento que les demos en esta etapa. Suele decirse que las familias tienen una segunda oportunidad en esta etapa para acompañarles hacia su vida adulta, mejorando en lo posible lo que se ha transitado hasta llegar a ella. A mí me gusta pensar que toda la sociedad, todo el entorno de las personas adolescentes, tiene una segunda oportunidad para que se conviertan en adultas sanas y tengan la mejor vida posible. Nada está perdido y puedes hacer mucho, podemos hacer mucho, por todas «las Candelas» en esta etapa.

Para detectar en qué momento están y qué han vivido hasta el momento puede que te sirva hacerte esta pregunta: ¿Eres consciente de cuál ha sido tu papel para que «tu Candela» haya llegado a donde está y cuál ha sido el papel de los diferentes entornos en los que ha crecido? El decimosegundo error que cometemos al acompañar la adolescencia es creer que *son* de una determinada manera, cuando en realidad debemos pensar que se están construyendo y que nosotras y todo el entorno hemos tenido y tenemos un papel importante en ese proceso. Un papel activo y determinante.

El decimosegundo paso para acompañar la adolescencia es detectar en qué aspectos podemos ayudarlas, qué experiencias les han dejado huella, cuáles han sido los momentos que creemos que han podido marcar su rumbo. La adolescencia es una lupa y aumenta todo lo que había antes, lo que hay ahora, lo que pasa, lo que se siente… Es importante tener claras las cosas del pasado que pueden tener un eco, no para culpabilizarnos (acuérdate, «sin culpas ni dramas») sino para identificarlas si aparecen, porque pueden subir mucho el volumen de lo que ya es de natural complejo en la etapa. Por ejemplo, si Candela experimentó la separación de su padre y su madre cuando tenía cinco años y llega a la adolescencia con dos familias porque su padre y su madre han rehecho sus vidas con otras personas, la situación provocada por la separación, que ya dejó marca entonces, puede verse agravada ahora. Los límites pueden ser complicados, sus reacciones pueden ser más llamativas, puede expresar el querer irse a vivir con su padre o su madre de repente, etc. Esto es solo un ejemplo, es importante detectar esos momentos porque pueden tener un impacto en su conducta en esta etapa.

TU CANDELA

Llegamos al último capítulo de esta introducción que, como te advertía al principio, tiene el objetivo de hacerte reflexionar. Para acompañar la etapa vas a tener que dominar el arte de generar reflexión. Gracias a que reflexionamos podemos aprender, podemos detectar lo que necesitamos mejorar, podemos buscar alternativas. Gracias a la reflexión se nos revelan las respuestas, las decisiones que vamos a tomar. Gracias a la reflexión descubrimos el mundo, nos descubrimos y avanzamos.

Como también te sugería al principio, hay que aprender mucho para poder acompañar la adolescencia como necesita ser acompañada. Una de las cosas que más duele aprender —por eso la he dejado para el final de la introducción— es la distancia que reclama la etapa. «Tu Candela» va a empezar a dejar de ser «tu Candela» va a empezar a ser «su Candela», o solo Candela, una persona que va a vivir una vida: la suya.

Una vida en la que esperamos que pueda ser lo más autónoma posible, que pueda tener las mejores relaciones posibles, en la que pueda disfrutar de apoyo, de momentos agradables, de la que pueda guardar los mejores recuerdos y atesorar grandes aprendizajes. Una buena vida que la haga sentir en paz cuando deba despedirse de ella. Para que eso pueda ser así, para que «tu Candela» pueda realmente empezar esa vida, debe pasar por este momento incierto y convulso que es la adolescencia. Debe dejar de ser «tu Candela» para buscarse y decidir qué Candela quiere ser.

LA DECIMOTERCERA REFLEXIÓN

La adolescencia, ese momento tan complejo en el proceso de hacernos adultas, pasa por un gran duelo. Puede que experimentes la sensación de pérdida, de que lo que había ya no existirá más. De que lo que era, ya no es. De que lo que estaba, se ha ido para siempre. Para que todo curse de la mejor forma posible, te animo a que no te dejes llevar por el miedo a la pérdida. A que sientas lo que sientes y le des espacio sin que ello ponga obstáculos a su desarrollo. Te animo a buscar acompañamiento para ti si lo necesitas, no es un momento nada fácil. Sé que esto duele mucho. Te invito a hacer una reflexión final: ¿Eres consciente de que Candela no te pertenece, aunque te necesite?

El decimotercer error que cometemos en la adolescencia es aferrarnos al miedo a la pérdida. Es intentar que todo siga como hasta ahora. Es negarnos a ver que todo está cambiando. El decimotercer paso que debemos dar para acompañar la adolescencia es entender que esta etapa te da la oportunidad de acercarte a la adulta que será; no la pierdas tratando de recuperar a la niña que ya no está.

RECAPITULANDO

Las trece reflexiones necesarias para acompañar la adolescencia sin perder los nervios:

1. ¿En qué se basan las decisiones que tomas en relación a las personas adolescentes de tu vida?
2. ¿Eres consciente de cómo te muestras ante ellas y de cómo te comunicas?
3. ¿Recuerdas lo que fue la adolescencia para ti?
4. ¿Qué te pasa cuando las personas adolescentes de tu vida te dan una respuesta que no esperas?
5. ¿Qué sueles hacer cuando descubres que están afectadas por algo?
6. ¿Fue sencillo acompañarlas en su infancia?
7. ¿Qué hay de «la Candela» que recuerdo en esta «nueva Candela»?
8. ¿De quiénes son esas voces que te dicen cómo educar?
9. ¿Qué hay de ti en lo que les indicas a ellas?
10. ¿Estás preparada para entrenarte en esos nuevos hábitos que van a ayudarte a acompañarlas?
11. ¿Sueles pensar que las cosas que les pasan son tonterías?
12. ¿Eres consciente de cuál ha sido tu papel para que «tu Candela» haya llegado a donde está y cuál ha sido el papel de los diferentes entornos en los que ha crecido?
13. ¿Eres consciente de que Candela no te pertenece, aunque te necesite?

Los trece pasos clave para acompañar a las personas adolescentes de forma eficiente:

1. Entender bien la etapa. Si conoces lo que les pasa y sabes lo que esperar, ganas tranquilidad y puedes atender sus necesidades.

2. Revisar tu manera de mostrarte y comunicarte en su presencia. Poner consciencia sobre cómo te expresas y te relacionas con ellas te ayudará a mejorar tus estrategias comunicativas y facilitará que ellas también aprendan a comunicarse de forma más efectiva contigo y con todas las personas de su vida.

3. Tener en cuenta que es una etapa llena de momentos contradictorios que son naturales y necesarios para su desarrollo te prepara para la incertidumbre y las incoherencias propias de este momento del ciclo vital.

4. Tener en cuenta que lo que hacen o dicen es consecuencia directa de los cambios cognitivos, físicos, emocionales y sociales que están experimentando te despoja de la culpa y activa tu responsabilidad sobre la atención a este momento de transición.

5. Entender que nosotras somos una pieza clave en lo que aprenden en esta etapa te anima a cuidarte y a dar el mejor ejemplo posible.

6. Despojarte de la creencia de que es demasiado difícil, dejar de temer y dejar de autoconvencerte de que es una etapa terrible te dejará ver la maravillosa aventura que supone la adolescencia.

7. Identificar las señales que te alertan de que la etapa está empezando evitará que te pillen por sorpresa las conductas más incómodas.

8. Adaptarte a los tiempos que corren en materia de educación evitará que te refugies en la idea desfasada que reza: «A mí me educaron así y no estoy tan mal».

9. Aprender a estar ahí, junto a ellas, observando y haciendo

frente a lo que va sucediendo sin proyectarte en ellas te permitirá conocerlas y atender sus necesidades a medida que se van manifestando.

10. Actualizarte y ponerte al día con lo que ahora forma parte del mundo de las personas adolescentes de tu vida facilitará que las comprendas mejor y entiendas de dónde vienen sus demandas y su inspiración.

11. Tener en cuenta que lo que experimentan es real para ellas, darle la importancia que tienen sus experiencias y validar sus emociones las ayudará a integrar lo que viven y a darle un significado, a aprender de sus circunstancias.

12. Detectar en qué aspectos puedes ayudarlas, qué experiencias les han dejado huella, cuáles han sido los momentos que han podido marcar su rumbo te ayudará a acompañarlas para que sanen algunas heridas de la infancia y aprendan a protegerse en el futuro.

13. Acercarte a las adultas que serán en este momento de transición, en lugar de aferrarte y tratar de recuperar a las niñas que ya no están, te convertirá en la persona adulta que necesitan a su lado mientras experimentan la imprescindible e inevitable tarea de crecer.

CONVIVIR EN LA TORMENTA

Has llegado hasta la adolescencia esforzándote al máximo. Sorteando un montón de circunstancias de la vida de las que has salido, mejor o peor, pero que ya forman parte de tus recuerdos. Y has aprendido mucho. Cuando las personas adolescentes de tu vida eran pequeñas, buscabas información, leías, te pasabas horas probando cosas para hacerlas dormir, para que comiesen bien, aprendieran a caminar, a hablar, a leer, a sumar. Te inventabas cuentos extraordinarios. Preparabas actividades superdivertidas. Te tirabas por el suelo si hacía falta. Te convertías en personajes de lo más variopintos si el juego lo requería. Hacías planes pensando en que ellas pudiesen encontrar una oportunidad para avanzar. Eras capaz de hacer muchas cosas para que pudiesen desarrollarse adecuadamente y estuviesen lo mejor posible.

Cuando llega la adolescencia se suele pensar que el trabajo ya está hecho, que solo queda esperar a que los frutos cultivados en su infancia empiecen a aparecer. Dejamos de acompañarlas en el momento de estudiar porque se supone que ya saben. Y luego vienen los suspensos. Dejamos de acompañarlas en el desarrollo de habilidades varias porque existe la creencia de que ya saben hacerlo solas. Y luego resulta que no. Esta etapa tiene sus propios desafíos, sus propias características y sus necesidades particulares. Son tan importantes como las de la infancia, pero siguen siendo, muchas veces, desconocidas. No sabemos lo que les pasa ni cómo atenderlas, cosa que no sucede en la infancia.

Actuamos sin tener en cuenta las consecuencias de lo que hacemos y decimos. Mi objetivo es que la entiendas, sepas qué hacer y aprendas a disfrutar la adolescencia, aunque haya momentos que pongan a prueba tu autocontrol.

Mi objetivo es acompañarte para que puedas acompañar. Espero que este libro te cambie la mirada y te ponga las pilas para enfrentarte a uno de los mayores retos de la crianza: el desapego. El decirles adiós durante un ratito para que puedan volver siendo ellas mismas, habiendo explorado su identidad y su autonomía, y para que puedan contarte, al regresar, lo que han vivido y aprendido. Para que puedas ayudarlas a comprenderlo. Para que puedan desarrollarse sin más dificultades que las que la propia etapa les presenta. Te doy las gracias en su nombre por querer aprender. Este libro está escrito desde la humildad, mi experiencia profesional y la voluntad de aportarte tranquilidad. Puedes acudir a sus páginas siempre que lo necesites, releer la información y repasar las pautas cuando quieras. He seleccionado la información imprescindible para que puedas acompañar la etapa en casa, en el entorno familiar.

La familia tiene una de las tareas más complejas e importantes de la etapa: permitir la distancia, poner límites con firmeza y amor y dar seguridad. Si trabajas con adolescentes, puede ayudarte también en tu labor profesional y puede serte de gran utilidad para preparar a las familias de las personas adolescentes con las que trabajas. Mi intención ha sido transmitir la información de forma lo más sencilla posible y diseñar pautas fáciles de seguir para que, sea cual sea tu situación, puedan serte útiles y puedas ponerte en acción. Pautas para que no las dejes solas en medio de la tormenta, aunque te caiga un rayo, de vez en cuando. Aunque la lluvia te moje y el viento te desequilibre, de vez en cuando. Espero que este libro te llene de ilusión por vivir esta etapa y te acompañe para que nunca te sientas sola y siempre encuentres las palabras que te indiquen el camino y te den calma. Para seguir adelante sea cual sea la situación que se te presente. Espero que puedas usarlo para resolver los diferentes retos que va a plantearte la etapa y, sobre todo, espero que este libro te enseñe a admirar la adolescencia y a comprender profundamente —y desde el amor— el difícil momento en el que se encuentran las personas adolescentes de tu vida.

¿Preparada para aprender a convivir en la tormenta?

PARTE 2
LO QUE HAY QUE SABER
SOBRE LA ADOLESCENCIA

¿QUÉ LES PASA A LAS PERSONAS ADOLESCENTES?

Con esta parte mi intención es ayudarte a entender la adolescencia en toda su complejidad para que puedas ubicarte en el rol que tienes en esta etapa desde la perspectiva más favorable al desarrollo de las personas adolescentes de tu vida y a vuestra relación.

LA ADOLESCENCIA Y LAS PERSONAS ADOLESCENTES

Cuando hablo de personas adolescentes me refiero a todas las personas que se encuentran transitando su adolescencia antes de llegar a ser adultas.

La adolescencia es un momento de nuestro desarrollo que, como todos, necesita tiempo y estimulación para realizar las tareas evolutivas que le son propias. Aunque cada caso es cada caso, y siempre hay que observar las particularidades de cada uno para poder valorar adecuadamente la situación y proponer mejoras, podemos hablar de algunas características que nos indican que nos encontramos en este momento del ciclo vital.

Actualmente, podemos decir que las personas que se encuentran entre los diez y los veinticinco años, aproximadamente, están transitando su adolescencia. Esta es la teoría más consensuada hasta el momento. Las fases que comprende la etapa son diversas y no tenemos que llamarlas adolescentes todo el tiempo. De hecho, normalmente, cuando trabajamos con adolescentes de cualquier edad las llamamos jóvenes y, cuanto más se van acercando a la última fase de la etapa, muchas personas las llamamos ya jóvenes adultas.

A estas alturas ya sabrás que es una etapa de nuestra vida en la que experimentamos grandes transformaciones. Un momento lleno de cambios, de incertidumbre, de descubrimientos, de primeras veces. Mucho de lo que sucede en esta etapa se vive con las iguales —las personas que están en el mismo momento de desarrollo—, aunque, paradójicamente, muchas de las consecuencias de lo que sucede en esta etapa se viven en soledad. Aunque tengan muchas amistades y siempre estén con gente, muchas de las cosas que les pasan las sienten y transitan por ellas en soledad. Muchos de los pensamientos que dan vueltas en su mente no siempre encuentran el camino hacia afuera, no siempre se comparten con las personas que las rodean. Y es que la ambivalencia es una de las características principales de la adolescencia.

Las personas adolescentes conviven en su día a día con fuerzas opuestas muy poderosas que les generan emociones muy intensas. Se encuentran en una danza constante entre la dependencia y la seguridad de la infancia, y la independencia e incertidumbre de la vida adulta. Rebelándose para reclamar su lugar y, a la vez, dependiendo aún de la atención de la familia para sobrevivir. Despreciando a la familia en muchos momentos y sintiendo, a la vez, un gran amor hacia ella. Oscilando entre el entusiasmo contagioso o las explosiones de creatividad y la apatía o desmotivación más profunda. Necesitando mostrar que son diferentes, especiales, que tienen su propia identidad y, a la vez, imitando a sus iguales, a sus amistades y a sus personas de referencia, que son las personas a las que admiran.

Un momento en el que pueden ser tremendamente generosas y solidarias, y también egocéntricas y autoconscientes. Con un montón de cosas sucediendo a la vez, con mucho ruido dentro y fuera, la adolescencia supone la transición desde nuestra infancia a nuestra vida adulta y es uno de los momentos más complejos de nuestro desarrollo, pero, sobre todas esas cosas, la adolescencia es una enorme lupa. Una lupa que aumenta la intensidad, calidad y cantidad de las emociones, las conductas arriesgadas, el volumen de los conflictos. Una lupa a través de la cual las personas adolescentes van a mirarse, van a mirarte y van a mirar el mundo, así que te conviene saber que la adolescencia tiene el potencial de aumentarlo todo de forma natural.

EDUCAR ACOMPAÑANDO

Nunca es pronto para prepararse para la adolescencia y nunca es tarde para acompañarla. Vas a necesitar grandes dosis de paciencia, mucho autocuidado, la voluntad de hacerlo lo mejor posible y la capacidad para no rendirte a la primera de cambio.

Muchas veces, al llegar a esta etapa, las familias se sienten culpables, creen que lo han hecho «mal» y pueden sentirse desorientadas y sobrepasadas. En este escenario es fácil tirar la toalla, rendirse y encomendarse a la suerte. Acompañar esta etapa no es sencillo y puede sacarnos de nuestras casillas, causarnos un gran dolor o agotar nuestras reservas de energía, pero ¿qué etapa del desarrollo de las personas lo es? La maternidad es acompañar a la vida. Es brindar la posibilidad de «ser» en todo nuestro esplendor y eso es una pasada, pero conlleva un esfuerzo. Un esfuerzo con grandes recompensas, pero un esfuerzo, al fin y al cabo.

Por si fuera poca la dificultad natural de acompañar la adolescencia, se le suma que las tareas de la familia durante esta etapa son las más incómodas e ingratas. Una de esas tareas es facilitar el desapego, favorecer que las personas adolescentes se alejen. Una de las cosas que más puede dolerte es decirles adiós sin poder marcharte. Soltar sin desaparecer. Es seguir mirando a pesar de saber que van a cometer errores y no poder hacer nada para impedirlo. Es como cuando estás viendo una película, sabes que la protagonista va a meterse en un follón tremendo si hace lo que va a hacer y tú le gritas a la pantalla, en el salón de tu casa: «¡No entres ahí!». Sabes que la protagonista no te va a oír, pero tú lo sueltas igual. No puedes evitarlo y, cuando entra y le pasa lo que le pasa, aunque sufres con ella, ahí queda todo.

Acompañar en la adolescencia es algo parecido a eso. La diferencia es que en la peli no puedes hacer nada por la protagonista y, en cambio, en el mundo real puedes hacer muchas cosas para ayudar a las personas adolescentes de tu vida cuando se meten en el follón y no has podido hacer nada para evitarlo.

Lo primero que puedes hacer es reconocer y aceptar que no vas a poder evitar todo lo que va a pasar, que podrás aprender a prevenir algunas cosas, pero no todas, y que lo que sí que está en tu mano es atender lo que pase después. Acoger, sostener y ayudarlas a darle un significado a lo que les ha pasado para que puedan aprender de ello y no quede como un eco incómodo en su vida adulta. El duelo que las personas adultas de la familia experimentan durante la adolescencia despierta un montón de emociones de las que se desconocía su existencia, aviva un montón de creencias que no habían hecho su aparición hasta el momento y las empuja a hacer cosas que nunca hubieran imaginado.

La adolescencia pone a prueba la salud mental de las familias porque, lamentablemente todavía, no suelen prepararse para esta etapa y no saben realmente lo que implica ser adolescente, lo que significa la adolescencia en el conjunto del ciclo vital.

Algunas familias creen, cual adolescentes, que no les va a pasar a ellas. Viven con esa especie de fábula personal que les hace pensar que son invulnerables a algunas cosas. Otras piensan todo lo contrario, que todo les va a pasar a ellas. Ambos casos están desajustados y, muchas veces, ese miedo, ese dolor que puede causar ambas formas de pensar y de hacer, hace que por exceso o por defecto muchas conductas adolescentes —que acompañadas hubiesen significado un aprendizaje más— se acaben convirtiendo en lo menos deseado.

Así, uno de los mayores riesgos de la adolescencia es que las familias no se atrevan a soltar; por uno u otro motivo, no pongan los medios necesarios para enfrentarse al dolor, al miedo, y ajusten sus decisiones y su conducta a las necesidades de la etapa. Sin culpas y sin dramas, con responsabilidad. Como familia, marcas la diferencia si tu miedo no impide su libertad. Marcas la diferencia si tu humildad te permite aprender lo necesario para dejarla ir y acompañarla al volver en esta compleja e imprescindible etapa. No será fácil. La maternidad nunca ha sido fácil. Cada etapa tiene sus retos. Cada momento del ciclo vital tiene sus necesidades. Te conviene saber que acompañar la adolescencia no va a ser fácil. Vas a cometer errores. Ellas van a cometer errores. Se te van a activar muchos miedos. Vas a tener que desarrollar la paciencia y cuidarte mucho para no interferir en su desarrollo. Te conviene saber que, aunque te va a costar un esfuerzo porque educar es artesanal y es cuestión de ir haciendo pasito a pasito con constancia y coherencia, vale la pena intentarlo. Algunos días serán mejores y otros peores, no te castigues y sigue adelante, mejorarás cada día, con cada intento, con cada error. Equivocarse forma parte del proceso de aprender y paso a paso se consiguen grandes logros. Nunca las des por perdidas. Necesitan adultas cerca que no se rindan.

NO ES PERSONAL, ES CEREBRAL

En la adolescencia se producen cambios a muchos niveles. Es una etapa de gran creatividad y necesitamos encontrar formas de explorarla. Experimentamos grandes cambios físicos, emocionales, cognitivos y sociales. Sentimos nuestro cuerpo diferente, nos emocionamos de forma más intensa, pensamos diferente y cambia nuestra forma de relacionarnos. En todos esos cambios, nuestro cerebro tiene un papel muy importante porque se encuentra en un momento de desarrollo muy complejo. Muchas conductas adolescentes son la consecuencia de sus diferentes procesos.

Por ese motivo, uno de los mantras que te invito a utilizar para desarrollar la paciencia, tan necesaria para educar acompañando, es: «No es personal, es cerebral». Muchas de las cosas que van a hacer o decir no las hacen y dicen para fastidiarte, para hacerte daño o para tomarte el pelo. Muchas de las cosas que dicen y hacen ni siquiera quieren hacerlas o decirlas, pero no pueden evitarlo porque la parte de su cerebro encargada de sus emociones las impulsa a hacer cosas y la parte de su cerebro encargada de controlar lo que hacen aún no puede evitar hacer esas cosas. Lo mismo pasa con lo que sienten la necesidad de hacer por curiosidad, porque se sienten atraídas hacia ello, pero que no es recomendable para ellas. En ese caso tampoco pueden evitar hacerlas. Si, además, lo que hacen o van a hacer les genera sensación de recompensa —esa sensación agradable cuando conseguimos algo que tiene valor para nosotras—, aún tienen mayor dificultad para evitar hacerlo. Las personas adolescentes sienten una gran curiosidad y una gran necesidad de vivir experiencias de alta intensidad emocional.

Es importante tener en cuenta que, además, cuando una persona adolescente hace algo, o quiere hacer algo, no puede imaginar cómo se van a sentir ella y las personas de su entorno, no puede entender aún las consecuencias de lo que va a hacer. Cuando una adolescente siente el impulso de hacer algo tiene muchas dificultades para controlar no hacerlo y para comprender lo que implica hacerlo. Te conviene saber que se están desarrollando en esta etapa las funciones cerebrales relacionadas con el control de la conducta, que aún no pueden evitar hacer las cosas que hacen o dicen, y que no pueden entender las consecuencias emocionales de lo que han hecho o van a hacer. Si queremos ayudarlas, tendremos que ser capaces de poner distancia entre sus conductas y nuestras emociones, tendremos que evitar dejarnos llevar por lo que sentimos, evitar entrar en un bucle de malestar emocional.

De ahí que nos sea útil repetirnos el mantra «No es personal, es cerebral», ante determinadas conductas. Mantener la calma nos ayudará a acompañarlas desde la comprensión del momento del ciclo vital por el que pasan. Mantener la calma nos permitirá estar junto a Candela, dándole la perspectiva necesaria, mientras se van desarrollando todas las funciones cerebrales que le permitirán tener una vida adulta funcional y lo más agradable posible.

LOS DIFERENTES MOMENTOS DE LA ADOLESCENCIA

Las personas pasamos por diferentes momentos en nuestra adolescencia. A medida que nuestro desarrollo avanza, experimentamos diferentes necesidades. Te conviene saber lo que puedes esperar en cada una de las fases de la etapa.

A partir de los nueve años empezamos a expresar nuestras propias ideas y a defenderlas con ímpetu, aunque en este momento todavía tenemos como principal referente a la familia y, en muchos casos, no se han iniciado todavía los cambios físicos que inauguran oficialmente la etapa.

Entre los diez y los doce años se inician ya, en la mayoría de casos, los cambios fisiológicos que conocemos como «pubertad» y las personas adolescentes muestran mayor irritabilidad, aparecen las primeras discusiones con la familia y se inicia el proceso de distanciamiento de ella. En este momento pueden aislarse en su cuarto, mostrar cambios de humor y manifestar una ambivalencia entre la necesidad de estar lejos de la familia y la necesidad de sentirse protegidas por ella. Se inicia la transición de la infancia a la vida adulta y todavía coexisten muchos elementos infantiles a los que se van sumando las conductas naturales adolescentes. Es un momento de gran caos y muy importante, ya que además suele coincidir con un cambio de ciclo académico. Se suele pasar de la primaria a la secundaria y esto supone un gran cambio. Como veremos, ayudarlas a anticipar y preparar los cambios es muy importante. A veces, este cambio de ciclo viene acompañado de un cambio de centro, con lo cual deberemos poner atención al período de preparación anterior al cambio.

Entre los diez y los doce años cabe esperar que se noten ya las primeras señales de que la adolescencia ha comenzado. Si continuamos avanzando, entre los trece y los quince se inicia un período de introspección que viene con una necesidad de aislamiento y distanciamiento de la familia muy marcada. Suelen pasar la mayor parte del tiempo en su cuarto y rehúsan hacer cosas con la familia. Es un momento de gran dramatismo ya que las emociones están a flor de piel, son muy intensas y todavía no pueden regular su intensidad ellas solas. La impulsividad está a la orden del día y pueden reaccionar de formas inesperadas. Suele ser un momento de grandes discusiones en el que aparecen las primeras evidencias de que están experimentando con sus iguales. Las amistades son lo más importante en este momento, es una etapa de gran actividad social y la familia se encuentra ya en un segundo plano muy evidente.

Entre los trece y los quince años se produce, actualmente, la iniciación a las relaciones sexuales, así que es un momento que requiere de gran atención. Este es un período en el que suelen imitar mucho a sus iguales. Suelen vestir igual, hablar igual, escuchar la misma música, ver las mismas series, etc. Se dan sus primeras relaciones de pareja y existe el riesgo de que se concentren demasiado en ellas y se alejen de las amistades. Entre los quince y los diecisiete empiezan a explorar más activamente su propia identidad y a diferenciarse en algunos aspectos de su grupo de amistades. Empiezan a tener ya relaciones de pareja más largas y a tomar decisiones importantes. En esta etapa se toman las decisiones relacionadas con el itinerario formativo y laboral, por ejemplo, una de las que más marcarán sus primeros años como adultas. La familia, por supuesto, sigue estando en segundo plano.

A partir de los dieciocho años se produce un acercamiento hacia lo que será la vida adulta. Es un período de mayor independencia económica (muchas personas ya tienen ingresos por sus primeros trabajos) y también una mayor independencia social (se suelen dar menos explicaciones a la familia). Las parejas pueden estabilizarse ya en esta etapa y las personas adolescentes, que ya son jóvenes adultas, empiezan a tomar decisiones sin consultar a la familia. Esto puede ser causa de grandes decepciones y conflictos familiares. Candela va a luchar por su independencia desde un lugar de dependencia y necesita que entendamos, abracemos y acompañemos esta contradicción.

EL CUERPO: ¿QUÉ ME PASA, QUÉ SIENTO Y QUÉ HAGO CUANDO LO SIENTO?

En la adolescencia nuestro cuerpo experimenta una transformación que suele generar grandes inseguridades. Cambia nuestra piel, nuestro olor, nuestro pelo, nuestro tejido adiposo, nuestro tejido muscular, nuestro aparato reproductor, nuestras sensaciones... Nos hacemos conscientes de nuestro aspecto físico, empezamos a compararnos con las demás y solemos sentir la necesidad de controlar los cambios que experimentamos a través de la alimentación, del ejercicio físico o de la ropa que nos ponemos. Y ahí está Candela, llevando sudaderas tres tallas por encima de la suya, tapándose el rostro con el pelo y cubriéndose los puños con las mangas de la sudadera. Cubre su pecho y sus caderas con la ropa ancha porque no se siente cómoda, cubre su rostro porque le avergüenza su acné, cubre sus manos y se agarra los puños de la sudadera porque le da seguridad.

Las hormonas sexuales hacen su aparición y nos encontramos por primera vez con el placer sexual y, habitualmente, con un gran silencio a su alrededor, una gran soledad llena de incógnitas y un puñado de referencias que provienen de medios poco fiables. En la pornografía, Internet o las referencias de las amistades se encuentran algunas de ellas. Nuestro cuerpo se convierte en vehículo para la exploración y exposición de nuestra identidad, es el primer aspecto sobre el cual empezamos a sentir cierto control y lo primero que empezamos a reivindicar como nuestro. De ahí la típica frase de Candela: «¡Es mi cuerpo y es mi vida!». En nuestro cuerpo empieza nuestro proceso de diferenciación, que se extiende a nuestro cuarto y a nuestras amistades, y se convierte en la forma más accesible de presentarnos al mundo. Nuestro cuerpo es también fuente de grandes complejos, inestabilidad, incertidumbre y miedos. Te conviene saber que les están preocupando mucho sus sensaciones corporales, el descubrimiento de su aspecto físico o su sexualidad. Como adultas, debemos ser sensibles a estos cambios, evitar hacer juicios sobre las diferentes fases de su exploración y desactivar los comentarios juiciosos de las personas del entorno sobre su cuerpo.

LA FAMILIA Y EL MUNDO: ¿DE DÓNDE VENGO? ¿DÓNDE ESTOY Y CÓMO ME AFECTA ESO?

En nuestra infancia, nuestro mundo es pequeño y nuestra familia es la mejor. Es la nuestra y, si todo va como debe ir, nos provee de la seguridad y el amor que necesitamos para desarrollarnos. En el mejor de los casos, cada familia se esfuerza y lo hace lo mejor que puede y sabe para que así sea.

Lamentablemente, nosotras no nos damos mucha cuenta de lo que nuestra familia hace para cuidarnos y atendernos. Las cosas son lo que son y vivimos con ello sin ser muy conscientes de si lo que nos pasa puede ser de otra manera o no, sin cuestionar a nuestras familias. En la adolescencia, sin embargo, descubrimos la humanidad de las personas que forman nuestra familia. Descubrimos a las personas que son nuestros padres y nuestras madres. Descubrimos a las personas que forman el resto de nuestro sistema familiar. Analizamos sus incoherencias, cómo son, cómo se ganan la vida… También descubrimos nuestra situación socioeconómica, las posibilidades que nuestra familia tiene en el mundo en el que vivimos. Descubrimos nuestro lugar en el mundo. No es lo mismo ser adolescente en Pakistán que en España, aunque puedo aventurarme a decir, después de trabajar muchos años con adolescentes de orígenes culturales diversos, que en Pakistán y España la adolescencia es lo mismo. Las huellas que nuestra cultura ha dejado en nuestra vida, nuestras posibilidades y nuestras oportunidades, sin embargo, no lo son. Así como tampoco lo son las expectativas que se tienen de nosotras. Tampoco es lo mismo ser adolescente en 1970 que en 2022. La actualidad nos marca el paso y en las adolescencias de todas las épocas está el reflejo de su tiempo.

El descubrimiento de nuestro entorno familiar, socioeconómico y cultural nos afecta y tiene un grave impacto en nuestras decisiones. Te conviene saber que en este momento las personas adolescentes de tu vida están analizando sus orígenes y su entorno familiar, pueden estar comparando sus posibilidades con las de otras personas y todo eso les afecta. En el caso de las personas adoptadas, de aquellas situaciones socioeconómicas complicadas o en casos en los que la situación familiar tenga características particulares (enfermedades, familias enlazadas, ausencia materna/paterna, etc.), deberemos poner especial atención en el acompañamiento de este descubrimiento.

LOS RIESGOS Y EL MIEDO

Si en la adolescencia se está desarrollando nuestra capacidad de controlar nuestra conducta y nuestro cerebro nos envía impulsos que no podemos frenar, vamos a tener que hacer grandes esfuerzos para detectar algunas situaciones que implican riesgo y para contener las conductas asociadas a esas situaciones.

Así que las personas adolescentes de tu vida están experimentando en este momento una lucha interna entre emoción y razón, entre su capacidad de autorregulación emocional y su capacidad de autocontrolar su conducta. Todo lo que les pasa les afecta de alguna manera, les genera emociones que las impulsan a la acción. Todas esas emociones se traducen en pensamientos y en acciones.

¿Te acuerdas de Candela? Pues imagínate que Candela pasa de la escuela primaria al centro de secundaria y tiene dificultades para adaptarse al nuevo ciclo, o si tiene dificultades para encajar en la nueva clase, o si no se siente valorada por el equipo docente, o si se siente sola ante los retos académicos o siente que no es capaz de hacerles frente, o todo eso a la vez. Imagínate que Candela está en esa situación y va acumulando un malestar emocional que se suma al malestar emocional que ya es propio de la etapa por todos los cambios que se producen en ella. Candela puede empezar a suspender, puede empezar a reaccionar de forma agresiva ante el profesorado, puede empezar a faltar a clase, puede no encontrar la forma de expresar y calmar su dolor y empezar a autolesionarse o a consumir sustancias de abuso...

O puede querer abandonar los estudios, dejar el instituto, porque no encuentra otra forma de calmar su frustración y cortar de raíz con el que ella cree que es el origen de su malestar. Y es que uno de los trece principales riesgos de la etapa es el abandono escolar. Cuando la Candela de catorce años comunica a su familia que quiere dejar los estudios y casi la convence de que lo mejor para ella es trabajar, lo cierto es que en ese momento Candela no entiende las consecuencias de esa decisión y que está tomando esa decisión por motivos que se nos están escapando a las adultas que la rodeamos. Nos conviene explorar esos motivos si queremos ayudarla.

Otra de las cosas que Candela puede empezar a hacer es consumir drogas. El consumo de sustancias de abuso es otro de los grandes riesgos de la etapa. Si Candela se presenta en casa con dos suspensos, discute con su familia, llegan a insultarse, Candela pega un puñetazo a una silla, su madre se pone a llorar y Candela se va de casa dando un portazo, le manda un mensaje a su amiga, quedan en el parque, allí se encuentran con otra de sus colegas que está liándose un porro, Candela les cuenta que está «rayadísima» porque en casa está fatal, la colega le pasa el porro y le dice: «Fuma, tía, ya verás como se te pasa», y Candela en ese momento acepta, puede que ahí comience una relación con las sustancias de abuso para Candela porque puede que Candela relacione el consumo de esas sustancias con calmar su malestar. Y puede que Candela, un tiempo después, decida empezar a vender esa sustancia, que le pasa una colega de su colega, para ganar dinero porque su familia «no la entiende» y no le dan dinero «para sus cosas» y ella «pasa de pedirles nada y de aguantar sus chapas».

O que un día esté con sus amistades y se líe una gorda con otro grupo del pueblo vecino con el que hay rivalidad, y que Candela y su grupo se presenten en el pueblo vecino a las tantas de la madrugada para quemar contenedores, hacer pintadas en las paredes y en los coches o romper los cristales de algunas ventanas. O que, entrando en un súper con sus colegas, Candela acabe hurtando algunos de los artículos y huyendo a la carrera perseguida por la persona de seguridad del establecimiento. Todas las anteriores opciones —todas reales, que he visto a lo largo de los años y muchas más— hacen que Candela cometa un delito. Delito contra la salud pública, vandalismo, hurtos. Y otros muchos, ya que la delincuencia es otro de los principales riesgos de la etapa.

Y si Candela entra en esta espiral de conductas de riesgo: deja los estudios, empieza a consumir, vende sustancias de abuso, comete hurtos y otras cosas por el estilo, el camino hacia la exclusión social, otro de los riesgos de la etapa, empieza a aparecer ante ella. De repente Candela se ve sin estudios, con medidas judiciales por cumplir, con adicción a una o varias sustancias y entra en un bosque de precariedad del que podrá salir en función de algunos factores que van a tener que conjugarse muy bien para que lo consiga.

En la adolescencia, cuando aún no disponemos de nuestras capacidades a pleno rendimiento, cualquier situación puede ponernos potencialmente en riesgo. Además, a diferencia de la infancia, la familia no está cerca en todo momento para ayudarnos a evitarlo, y las propias características de la etapa dificultan la autoprotección y el acceso a las ayudas. Candela está en un momento vulnerable, en el que la necesidad de ser valorada como ella es y por lo que ella es, es imprescindible. En el que le cuesta pedir ayuda a su familia y también le cuesta protegerse de los peligros del mundo. Un momento en el que la influencia de las iguales impacta directamente en su autoestima y en las decisiones que toma. En el que vive en soledad muchas de las cosas que piensa o que le pasan. Un momento de emociones intensas y profundas, donde la tristeza puede embargarla y sentir que nadie la entiende, que nadie la acepta, que nadie la quiere, que a nadie le gusta como es, que no tiene sentido formar parte del mundo, que si se va, nadie lo va a notar.

Y ahí está Candela, volviendo del centro educativo en el que nadie dice nada porque saca buenas notas. En el que no ha hecho amistades, pero tampoco se pelea con nadie. Encerrándose en casa a escribir o a dibujar mientras escucha su música. Ahí está Candela, llorando porque le gusta alguien que no la ve, porque cree que a su familia le gustaría que fuera de otra manera.

Y ahí está Candela, empezando a pensar que sería mejor irse de este mundo y empezando a buscar formas de hacerlo. Y ahí está Candela, dejando de comer para controlar el malestar que siente. Y es que las psicopatologías (depresiones, trastornos de la conducta alimentaria, adicciones, etc.) y el suicidio son dos más de los riesgos de esta etapa.

Aunque puede que Candela encuentre en las redes sociales alguien que la escucha, alguien que la valora y la busca. Alguien a quien no conoce, pero con quien se siente comprendida. Una persona que un día, después de algún tiempo y de ganarse su confianza con paciencia, le pide que le envíe unas fotos desnuda. Le dice que si realmente confía en ella, debe hacerlo. Le dice que si no lo hace, dejarán de hablar porque significará que todo lo que ha pasado es mentira. Y Candela le envía esas fotos para no perderla, para demostrarle su confianza, para demostrarle que lo que siente es verdad.

O que Candela esté un día con su pareja y decidan no usar protección porque: «yo controlo», porque la urgencia del momento no deja espacio al autocontrol. O graben vídeos y se envíen fotos con contenido sexual. Algo con lo que no habría mayor problema si esos vídeos y fotos se quedasen en la intimidad, pero no se quedan. Y un día Candela deja de tener la regla. O empieza a sentir picor en la zona genital. O empieza a recibir correos amenazando con publicar aquellas fotos y enviarlas a su familia si no se recibe una compensación económica. Y, ante cualquiera de estas tres situaciones, Candela aguanta durante tres meses hasta que un día no puede más y lo cuenta o pide ayuda o explota. Los embarazos no deseados, las enfermedades de transmisión sexual y los ciberpeligros son tres más de los riesgos de la etapa, forjados muchas veces en silencio y vividos en soledad. Y para quitarse todo ese malestar de encima, un día Candela sale con sus amigas. En un botellón como el de cualquier otro día, deciden consumir varias sustancias de abuso. Fuman porros, beben alcohol y «se meten» MDMA. En un ataque de euforia, Candela y sus amigas se suben a un puente para simular que son «trapecistas de la vida». Y entonces Candela se cae y no vuelve a caminar nunca más.

O tras la noche de fiesta deciden volver a casa en coche, y Candela se pone al volante, y dice que «ella controla» que «ella va bien», pero lo cierto es que no, que ella no va bien. Y tienen un accidente, y Candela no vuelve a caminar nunca más. Los accidentes con lesiones leves, graves o incluso la muerte son otro de los riesgos de la etapa. Y, por si fuera poco, en todas las situaciones anteriores Candela puede haber sentido el impulso de agredir física o verbalmente a alguien o a ella misma…

O puede haber sido agredida física o verbalmente por alguien. Las violencias, de todo tipo, son otro de los riesgos de la etapa. Violencia hacia o de la pareja, violencia hacia la familia, hacia personas desconocidas, hacia sí misma, hacia las cosas que forman parte del entorno (mobiliario doméstico o urbano, vehículos, paredes…). Hago mención aparte, y para acabar con este capítulo terrorífico, a otro tipo de violencia, el terrorismo, otro de los riesgos de la etapa. Un terrorismo como expresión o resultado de la frustración, la rabia, las psicopatologías, la búsqueda de identidad… Así tenemos a una Candela que se siente sola, lleva tiempo acumulando rabia, en el instituto no le va bien, cree que su vida no va en ninguna dirección, un día empieza a pensar en que las personas que odia deberían desaparecer, que así se acabaría el dolor, que así su vida tendría un sentido, empieza a pensar en un plan, a buscar en Internet y, de repente, un día le pasa algo en el instituto que colma el vaso y se hace con la escopeta de su padre, se presenta en el centro y empieza a disparar contra las personas que están allí.

O se une a un grupo que ha conocido por Internet en el que se siente escuchada y en el que le dicen que hay ciertas personas que deben desaparecer, que deben luchar por una causa mayor, que será recordada como una heroína; un día se pone un chaleco lleno de explosivos y los detona en un centro comercial.

RESPIRA. Sé que es mucho de golpe, ya queda poco. Para acabar con la parte más dura de todo el libro, el último de los riesgos que hay que tener presente es el deterioro de las relaciones, que se produce cuando no comprendemos la etapa. Cuando no sabemos lo que les pasa ni diferenciamos entre lo que es natural en la etapa y lo que no lo es, empezamos a exigir, presionar, juzgar, prohibir, castigar... Las personas adultas hacemos cosas que van en contra de lo necesario para que las personas adolescentes se desarrollen adecuadamente y eso, por supuesto, tiene un coste elevado en nuestra relación con ellas. Te conviene saber cuáles son los principales riesgos a los que las personas adolescentes se enfrentan y que se producen como consecuencia de las características de la etapa y de nuestra forma de estar con ellas en su adolescencia.

Sé que leer todo esto de sopetón asusta, pero que el miedo no te haga encerrarlas en una caja para protegerlas del mundo y de ellas mismas. Que el miedo te haga querer aprender y aplicarte para ayudarlas a prevenir esos riesgos y a atender sus consecuencias, porque algunas habrá. Que el miedo te ponga en acción para transmitirles formas de autoprotegerse y de pedir ayuda si la necesitan.

LA AUTONOMÍA Y EL DESAPEGO: ¿QUÉ SOY CAPAZ DE HACER POR MÍ MISMA?

Las personas adolescentes van a su aire y exigen su espacio constantemente. Empiezan a pasar tiempo alejadas de la familia e inmersas en actividades estimulantes y, a menudo, como ya sabes, arriesgadas.

El descubrimiento de la propia autonomía, que se da en esta etapa, es uno de los temas que más desasosiego genera a las personas adultas. Las familias desconocen a qué dedican su tiempo las personas adolescentes de su vida. A veces malpiensan y creen que están desaprovechando el tiempo. A veces lo que descubren no les gusta y pueden generarse conflictos serios. A algunas familias les cuesta asumir que su Candela haya podido hacer ciertas cosas. Cuesta creer que una no se ha enterado de nada hasta el momento. ¿Cómo no lo hemos visto? Cuando la adolescencia llega, todo sucede muy rápido. Si no estamos lo suficientemente atentas, cuando empiezan a producirse las conductas adolescentes naturales, podemos sentirnos agobiadas por la velocidad a la que todo sucede y abordar los retos adolescentes con estrés y de forma errática.

Una de las primeras cosas que se acusa es la necesidad de distancia y justo ese es uno de los momentos más dolorosos para la familia: descubrir que Candela quiere ir por su cuenta y sentir su rechazo.

Experimentar con la autonomía durante la adolescencia

es natural y necesario, acabamos de descubrir que tenemos toda la vida por delante. Tener la vida por delante es sentir que lo que hay es más de lo que había. Es querer recorrer cada centímetro del camino con los ojos bien abiertos y el corazón dispuesto a recibir. Es mirar al mundo en busca de oportunidades para descubrirlo y descubrirnos a nosotras mismas en él. En los ojos de otra persona. En un espejo. En un silencio. Es entender que la vida es un verbo de acción. Es moverse, probar, intentar, fracasar, disfrutar, compartir, despertar, reiniciar, añorar, temer, abandonar, llegar, decidir, amar... Vivir es nuestro propósito. Hemos nacido para vivir. Para llenar nuestros días de pequeños momentos que se convertirán más tarde en recuerdos que interpretaremos y reviviremos una y otra vez. Hasta que cuando seamos viejecitas contemos toda nuestra historia hacia atrás una y otra vez. Momentos que nos harán sonreír si nos hicieron cosquillas y volverán a dolernos si nos dejaron una herida.

Preparar a las personas adolescentes de tu vida para que puedan acoger y sostener toda esa vida que tienen por delante es una de las misiones más bonitas que se me ocurren. Tener la posibilidad de acompañar a una persona adolescente que está saboreando por primera vez lo maravilloso que puede llegar a ser vivir es una gozada. Estar ahí cuando se equivoque para ayudarla a entender y a convertir ese error en fuerza para seguir adelante. Estar ahí cuando alguien le haga daño para ayudarla a entender el dolor y a convertirlo en inspiración. Estar ahí cuando descubra que las decisiones que ha tomado han tenido consecuencias que no esperaba y ayudarla a adaptarse a esa nueva situación. Tener la vida por delante es la oportunidad de vivir en toda su magnitud y, para ello, necesitamos lanzarnos a experimentar, equivocarnos y encontrar nuestro propio camino.

Gracias a este proceso de desapego, las personas adolescentes desarrollan la capacidad de tomar decisiones, de resolver conflictos, descubren sus propios intereses... Empiezan a ser conscientes de lo que supone la autonomía, a experimentar con ella y, la mayoría de las veces, no tienen en cuenta a sus familias en la práctica de ese descubrimiento.

Es imprescindible que hagan las cosas por ellas mismas y empiecen a tomar sus propias decisiones, aunque, como veremos más adelante, hay formas de ayudarles a tomar decisiones más informadas y ajustadas. Debemos asumir que quizá nunca conozcamos un porcentaje de las experiencias que tienen lejos del entorno familiar y no pasa nada por ello, es natural.

En algunos momentos de este proceso se van a producir conflictos y es importante aprovecharlos porque son excelentes oportunidades para aprender. Podemos acompañarlas y ser cómplices del descubrimiento de su propia autonomía si estamos atentas, nos esforzamos en ello, facilitamos entornos de exploración y buscamos formas de reconducir las conductas arriesgadas para que no tengan graves consecuencias. Si nos posicionamos a favor de la exploración de su autonomía, estaremos más informadas de las experiencias estimulantes que les interesan, de las actividades que realizan, de con quién las realizan y estaremos preparadas ante las posibles consecuencias que se produzcan.

Experimentar con la autonomía es un paso necesario en el camino de convertirse en personas adultas y la adolescencia es el momento en el que aprendemos a hacerlo sin la mirada constante de la familia. Si entendemos esto y ofrecemos nuestro apoyo a las personas adolescentes de nuestras vidas, las ayudaremos a cuidar de ellas mismas y a estar preparadas para vivir de forma independiente. Necesitan oportunidades para explorar el mundo y a sí mismas y un lugar seguro al que volver a pesar de todo. Otra cosa es que sea fácil ver cómo se alejan y, sobre todo, la manera en la que se alejan. Muchas veces con desprecio, desplantes o una infinita indiferencia que puede doler mucho, pero, recuerda: «No es personal, es cerebral» y, además, es temporal. Te conviene saber que la distancia se va a empezar a abrir camino como paso necesario para llegar a ser adultas, pero que eso no significa que las estés perdiendo o que te estén apartando de su vida. Cuando ellas empiezan a reclamar su privacidad, a defender su intimidad, a rebelarse contra lo establecido, a construir sus propios valores o su propia red de apoyo, y se lanzan al mundo a descubrir quiénes son y cómo funciona todo, lo mejor que puedes hacer es estar preparada para recibirlas porque te van a necesitar más que nunca. El desapego duele, pero no es una pérdida, es un proceso de transformación.

LA IDENTIDAD Y EL AUTOCONCEPTO: ¿QUIÉN SOY Y CÓMO ME VEO A MÍ MISMA?

Quizá te suene eso de que un día visten de una forma y al otro visten de otra. De que un día escuchan una música y al otro, otra completamente diferente. Eso de que un día descubres su orientación sexual y no es la que esperabas. Eso de que un día aparecen con el pelo teñido de azul o te exigen hacerse un tatuaje. Todos esos cambios y demandas se deben a que la adolescencia es el momento en el que las personas empezamos a definir nuestra identidad, a construirnos a nosotras mismas. Para ello, hay que explorar. Hay que buscar. Hay que probar. Las personas adolescentes de tu entorno están construyéndose en este mismo momento. Están explorando. Están buscándose. Están identificándose y significándose para comprenderse y para relacionarse con el mundo. Para pertenecer a algún lugar —porque todas necesitamos pertenecer a algún lugar— y para alcanzar la vida adulta siendo ellas mismas, con seguridad, autoestima e independencia.

La adolescencia es el momento de creación de la propia identidad en toda su magnitud y en lo referente a todas las áreas de la vida. Es crucial que una tarea tan importante no sea malinterpretada, ignorada o criticada. Estamos ante el mayor momento de exploración creativa del ciclo vital, en el que se produce uno de los procesos más complejos: descubrir, decidir y mostrarle al mundo quiénes somos.

Estos años tendrán un gran impacto en la vida adulta por muchos motivos, pero, sin duda, uno de los más importantes es el acompañamiento que hayan recibido con relación a la proyección de su identidad. Lo que marcará la diferencia es cómo las hayamos acompañado cuando hayan cambiado de color de pelo, cuando hayan variado sus preferencias musicales o su forma de vestir, cuando hayan descubierto su orientación sexual, su vocación o las personas de las que les gusta rodearse. Si las acompañamos de forma prudente, todos esos cambios formarán parte de su proceso de hacerse adultas y las experiencias que hayan vivido relacionadas con la formación de su identidad se habrán integrado para hacerlas más capaces de alcanzar la edad adulta con autonomía.

Durante esta etapa es recomendable que las personas adultas integremos de forma amable los cambios que se van produciendo en las personas adolescentes de nuestro entorno. No siempre es fácil, pero es realmente importante mostrar nuestro apoyo a su búsqueda, aunque muchas de sus opciones no nos parezcan las adecuadas. Te conviene saber que la construcción de la propia identidad es un proceso que implica buscar, probar, encontrar, escoger, desechar, cambiar... que tu apoyo es crucial en ese proceso y que, solo teniendo la posibilidad de encontrarse con sus intereses, con lo que les gusta y con lo que no, pueden definirse ante las demás personas y proyectarse al mundo con seguridad. Es natural buscar y explorar en relación a su cuerpo, a sus preferencias sexuales, a su género, a sus amistades, a sus actividades de ocio, etc. Naturalizar esos momentos de búsqueda, de cambio, de exploración, de reivindicación de una misma las ayudará a transitar por ellas mismas sin dejar brechas demasiado profundas en vuestra relación o huellas demasiado grandes en su autoestima.

LA AUTOESTIMA: ¿CÓMO ME VALORO, ME QUIERO Y ME CUIDO A MÍ MISMA?

La autoestima es la forma en que nos sentimos a nosotras mismas. Tener una buena autoestima es ser capaz de estar en el mundo sintiendo que tienes un lugar en él. Es imprescindible para tomar mejores decisiones y para disfrutar más de la vida. La autoestima es el resultado de la mezcla entre el nivel de conocimiento que tenemos de nosotras mismas, la capacidad de valorar lo que somos y la capacidad de cuidarnos. Todas las habilidades necesarias para disponer de esas capacidades se desarrollan si encontramos el entorno necesario.

El entorno necesario es un espacio de confianza, sin juicios, en el que recibimos estímulos que provocan que avancemos, que aprendamos. Un espacio lleno de oportunidades que nos ayudan a mejorar. Un espacio en el que nos sentimos acompañadas y seguras. Por lo tanto, para que ese espacio exista, tenemos que aceptar algo importante y sin lo cual no podremos acompañarlas: si queremos que las adolescentes de nuestra vida aprendan, debemos proporcionar un contexto de confianza sin juicios, críticas y exigencias. Juzgarlas, criticarlas y exigir más de lo que pueden dar las hace sentirse frustradas a menudo y muchas de ellas tiran la toalla incluso antes de empezar porque creen que no lo van a conseguir. Eso no quiere decir que no deban sentirse frustradas, cuidado. La frustración se producirá de igual forma en el proceso de hacernos adultas, y deberemos estar ahí también para observar su proceso mientras lidian con emociones desagradables, para ayudarlas a reconocerlas, comprenderlas y transformarlas en aprendizajes. Te conviene saber que, en la adolescencia, la autoestima es tremendamente vulnerable. Como «no es personal, es cerebral», las personas adolescentes no tienen control sobre ella. Todo les impacta, así que hay que ser cautas con lo que decimos y abrir bien los ojos para observarlas y atender lo que necesitan. No se sienten como se sienten porque «sean» exageradas. Recuerda la cantidad de cosas que les están sucediendo y sobre las que no tienen ningún control. Cualquier cosa que digas o se diga en el entorno sobre su aspecto o su forma de ser tiene potencial de impacto sobre su autoestima.

Otra de las características de la autoestima es que, lamentablemente, no es lógica ni justa. No porque tú seas capaz de ver todas las cosas maravillosas que tiene Candela y se las repitas constantemente ella va a tener una buena autoestima. No porque sea estupenda y esté llena de virtudes va a creer que es así.

Muchas veces no podemos comprender, incluso habiendo pasado por lugares similares, que las personas adolescentes de nuestra vida no tengan una buena autoestima. Pensamos: «Pero si Candela es guapísima», «Pero si Candela es supersimpática», «Pero si Candela es superinteligente», «Pero si Candela es maravillosa». Y ahí nos tiramos de los pelos porque no sabemos por qué no se valora, no se quiere, no se cuida y, a veces, la rabia que nos provocan nuestros propios pensamientos hace que la hagamos sentir peor. Sin querer, faltaría más, pero le decimos a Candela eso de «Pero si eres superguapa»,

«Si eres superlista», y pensamos que esa es la manera de ayudarla, pero no.

Para postres, la autoestima depende de muchos factores, no solo de lo que tú haces o dices. Lo importante es que tengas claro que, independientemente de cómo se hayan conjugado las variables que intervienen, tú puedes acompañar a las personas adolescentes de tu vida para que la mejoren y minimizar el destrozo de los comentarios de alto impacto. El entorno también contribuye a que la autoestima adolescente esté por las nubes o esté bajo tierra. Ten siempre presente que la adolescencia es el momento de mayor autoconsciencia, que se está explorando la propia identidad y que las personas adolescentes están construyendo su mirada hacia ellas mismas.

¿CÓMO PIENSAN LAS PERSONAS ADOLESCENTES?

Uno de los aspectos a destacar de la adolescencia, junto al protagonismo de la esfera emocional y la importancia de la socialización, es que en esta etapa se transforma nuestra forma de pensar el mundo y sobre el mundo.

Nuestro cerebro pasa por una fase de profundos cambios hacia el desarrollo de la memoria, la atención, el razonamiento lógico, la capacidad para tomar decisiones, de planificar... A las personas adolescentes de tu vida en este momento les cuesta mantener la atención, organizarse, tomar decisiones rápidamente, empatizar desde la lógica, anticipar...

El pensamiento adolescente, en la necesidad de construcción de nuestra propia identidad, es tremendamente egocéntrico. Recuerda no confundir «egocéntrico» con «egoísta». Recuerda también que la autoestima suele ser muy lábil, y que tienden a ser muy solidarias y generosas, aunque en el entorno familiar no se haga muy patente esta característica. El rol de la familia en esta etapa es permitir la distancia, poner límites y dar seguridad para explorar la autonomía y la propia identidad, así que no hay mucho espacio para la solidaridad cuando las demandas familiares son ordenar el cuarto, poner la mesa o recoger el baño después de la ducha, tres actividades cero estimulantes para una persona adolescente.

La adolescencia es el momento de mayor autoconsciencia en nuestro ciclo vital. Es el momento en el que más pendientes estamos de nosotras mismas, de todos los detalles que forman parte de nuestro ser. Nos ponemos en el centro y nos proyectamos a partir de él para ser reconocidas como seres individuales con nuestras características particulares. No pueden evitarlo, recuerda: «No es personal, es cerebral». Ese egocentrismo hace que las personas adolescentes no puedan ponerse en el lugar de las otras personas utilizando el razonamiento lógico, pero sí que pueden hacerlo a través de las emociones. Pueden conectar mejor a través de lo que sientes que a través del discurso que les estás dando. Mejor emoción que tostón.

Suelen creer que lo que a ellas les gusta, le gusta a todo el mundo y no entienden que no pueda gustarte algo que a ellas las hace sentir tan bien. Suelen sentir que lo que les pasa a ellas no le pasa a nadie, que nadie puede comprender su dolor, excepto, claro está, si ese alguien da señales de haber experimentado algo similar. Una persona adolescente necesita sentir que la otra persona va a entender exactamente lo que le pasa y tiene más facilidad para abrirse si sabe que la otra persona ha pasado por lo mismo.

Están centradas en ellas mismas, en descubrirse y mostrarse al mundo, y hay una parte de ellas que siente que siempre hay alguien observando. Se sienten expuestas a la mirada ajena constantemente. Eso hace que pasen mucha vergüenza y que necesiten estar siempre preparadas para que quien mire las vea como ellas ahora mismo necesitan ser vistas. Si van a pasear al perro, es probable que se arreglen como lo harían cuando van al instituto o a cualquier otro lugar en el que esperan encontrarse con otras iguales. Se visten con detalle y están muy pendientes de su imagen. Para ellas, cualquier momento cotidiano tiene el potencial de convertirse en un momento excepcional en el que van a conocer a alguien especial, en el que van a ser descubiertas por alguien o a encontrarse con alguien que puede ser importante para ellas.

Suelen desglosar los eventos futuros e imaginarlos con gran detalle. Eso quiere decir que, si el próximo sábado Candela tiene una fiesta, puede pasarse toda la semana pensando cómo se vestirá, cómo se peinará, quién asistirá, la música que sonará, qué pasará y cómo en cada momento, etc. De ahí que se obsesionen con llevar una prenda de ropa concreta. De ahí que Candela se pase toda la semana pidiendo comprarse un vestido o una sudadera determinada.

Esta característica del pensamiento adolescente conlleva la creación de expectativas que, si no se cumplen, pueden hacer que se sientan verdaderamente frustradas. En esta etapa de la vida empezamos a reflexionar sobre temas abstractos como la muerte, el amor, la amistad... Por ese motivo no es extraño que, si Candela se trae a una amiga a dormir a casa, se pasen hasta altas horas de la madrugada enfrascadas en conversaciones profundas de diversa índole o que Candela te plantee, de la nada, preguntas de gran profundidad.

Otra de las características del pensamiento adolescente es la transferencia de soluciones. Es decir, en esta etapa empezamos a usar estrategias similares para resolver situaciones que nos parecen similares. Usamos, en diferentes momentos, tácticas que ya nos han servido en otras ocasiones.

Dos de las características del pensamiento adolescente que más suelen incomodarnos a las personas adultas en esta etapa son la capacidad que se está desarrollando en este momento para detectar las incoherencias adultas y la dificultad de aplicarse los límites y normas. Esa necesidad de analizar, de contrastar y de sacar a relucir nuestras contradicciones nos pone nerviosas. Cuando, en una comida familiar, Candela te dice que siempre le estás regañando porque le cuesta llegar puntual y, sin embargo, a la tía Paquita no le has dicho nada cuando ha llegado media hora tarde. Cuando, a las once de la noche y tras una larga jornada, Candela se lanza a contarte un montón de cosas que le han pasado en el día, tú le dices que quieres dormir y ella te suelta que siempre le estás diciendo que confíe en ti, pero, cuando lo hace, tú no tienes tiempo para ella. Cuando te dice que le das la chapa sobre lo malo que es el tabaco, pero cuando estás con tu amiga Lola, que fuma, a ella no le dices nada. La adolescencia es una lupa, recuerda. Con las normas y los límites solemos ponernos también muy nerviosas. Candela siente que a ella no le va a pasar eso que siempre dices que puede pasar, por eso, siempre que le des un aviso sobre un riesgo o sobre una situación de peligro, no se lo va a aplicar. Como hasta el final de la adolescencia no se acaba de desarrollar la capacidad de anticipar, es muy complicado para Candela entender que eso de lo que hablas le puede pasar a ella y, que si eso pasa, las consecuencias pueden haceros sentir mal a todas o causar dificultades mayores.

Por lo mismo, también les resulta muy complicado pensar a largo plazo. Las personas adolescentes miden el tiempo según la gratificación que provoca cada experiencia, según lo bien que les hace sentir imaginarse realizando una u otra actividad. Nada que ver con el reloj y las agendas, que nosotras manejamos tan bien. Te conviene saber que, durante la adolescencia, la transformación de la forma en que pensamos es la causa de la excesiva atención que ponemos en nosotras mismas y de nuestra actitud desafiante. Es importante entender que este proceso nos permitirá disfrutar del pensamiento crítico en el futuro. Es de suma importancia que las personas adolescentes de tu vida puedan transitar por todos estos estados y realizar estas importantes tareas evolutivas para convertirse en personas adultas independientes y con criterio propio.

¿CÓMO SIENTEN LAS PERSONAS ADOLESCENTES?

Así como cambia la forma de pensar, en la adolescencia también cambia la forma de sentir. La parte de nuestro cerebro encargada de nuestras emociones se desarrolla antes que la encargada de ajustar nuestra conducta social. Las emociones son intensas, y las personas adolescentes sienten la necesidad de hacer cosas sin poder controlar lo que hacen y sin poder anticipar aún las consecuencias emocionales de sus conductas o decisiones. Las emociones se vuelven intensas y la dificultad para regular lo que sentimos nos impide controlar lo que hacemos de forma eficiente y eficaz.

Es una etapa de gran malestar emocional que se genera por las propias características del momento evolutivo en el que nos encontramos y es muy importante aprender a acompañar las emociones con las que se van encontrando. Las emociones suelen secuestrarlas con frecuencia, suelen desconectarlas fácilmente de la capacidad que están desarrollando para reaccionar de forma proporcionada y razonable. Por ese motivo, muchas veces actúan de forma desajustada ante nosotras. Su reacción y la causa de su reacción no tienen una relación lógica. Recuerda: «No es personal, es cerebral». Te conviene saber que las emociones que se mueven en cualquiera de sus mundos resuenan en todos ellos, que son intensas y que aún no las pueden autorregular de forma eficaz. Si una persona adulta ha tenido una discusión tremenda con su pareja esta mañana al salir de casa, es muy probable que pueda ir al trabajo y mantener la compostura. Es muy probable que pueda rendir adecuadamente y que nadie en su entorno laboral se haya percatado de que esta mañana ha discutido con su pareja. Con las personas adolescentes no pasa así. Si a Candela le pasa algo en el instituto y se siente mal por ello, cuando llegue a casa lo que haga y cómo esté va a estar relacionado con cómo ha estado en el instituto, y a la inversa. Es importante tener en cuenta que cuanto mayor sea el malestar emocional, mayores van a ser las probabilidades de que Candela haga cosas que la pongan en riesgo. Las emociones nos explican cosas sobre lo que nos pasa y nos ayudan a entendernos y adaptarnos a las situaciones que vivimos. Es crucial que podamos ayudarlas con esta importante tarea.

¿CÓMO SE RELACIONAN LAS PERSONAS ADOLESCENTES?

La forma en la que nos relacionamos es otro de los importantes cambios de la etapa. La familia abandona el primer puesto en el *ranking* de interés social y las amistades ocupan su lugar. Así la familia pasa a un segundo plano, lo que suele ser muy doloroso para ambas, y las personas con las que comparten el mismo momento del ciclo vital ejercen una gran influencia y se convierten en el centro de su mundo. La vergüenza y la culpa se viven intensamente y las ayudan a desarrollar su sentido de la responsabilidad. Aparecen las relaciones de intimidad y se evidencian las carencias en cuanto a las habilidades sociales de las que disponemos. El grupo de iguales tiene una gran importancia y las amistades son el eje central de este momento del ciclo vital. Las iguales son las personas que comparten el mismo momento del ciclo vital con ellas, pero no todas ellas son amistades. A pesar de ello, lo que las iguales dicen o hacen tiene también un impacto emocional en ellas. Lo que le diga una compañera de clase a Candela puede afectarle, aunque no forme parte de su grupo de amistades. Y formar parte de un grupo, ser aceptada por ser quien se es y pertenecer es una de las tareas más relevantes de la etapa que, por exceso o por defecto, les afecta. Tanto si se relacionan mucho como si no se relacionan nada, esto las va a poner en situaciones de riesgo y las va a secuestrar emocionalmente con asiduidad. Te conviene saber que las iguales tienen un gran impacto emocional en la adolescencia y que las relaciones adolescentes son intensas y frágiles. Más adelante veremos que, si queremos ayudarlas con todo lo que les pasa con eso, no sirve de nada que les digamos cosas como: «Si no es tu amiga, no entiendo por qué te afecta» o «Ya tendrás otras parejas, eres muy joven» o «Sal y relaciónate un poco, que estás todo el día en casa». Las relaciones de amistad y de pareja en esta etapa dependen de muchos factores y son tremendamente vulnerables.

En la vida adulta nuestras relaciones de intimidad se circunscriben al ámbito de la pareja, se basan en la confianza, buscan la estabilidad, se centran en construir proyectos de futuro comunes y en disfrutar conjuntamente, y hacemos grandes esfuerzos por equilibrar el ocio y el trabajo para poder disfrutar de nuestras relaciones sin comprometer nuestra actividad laboral y nuestras responsabilidades. Sin embargo, las personas adolescentes tienen graves dificultades para equilibrar los momentos de ocio y los momentos de estudio o trabajo. Suelen pasar por delante las necesidades sociales a las responsabilidades académicas. En la adolescencia las relaciones de intimidad se dan también entre las amistades, no solo con la pareja. No es extraño ver a Candela abrazada a sus amistades en diferentes momentos, que se acaricien entre ellas o se den muestras de cariño de diversa índole. A las personas adultas esto nos llama la atención ya que no solemos mantener ese tipo de contacto con nuestras amistades.

Para ellos son relaciones de gran inestabilidad, que pueden romperse en cualquier momento, pero también pueden recuperarse en cualquier momento. Les empujan la búsqueda de su identidad y su gran autoconsciencia, es decir, lo que sienten que son y proyectan al mundo cuando están con esas personas, esas amistades. La inmediatez es una de sus características principales y su tiempo verbal es el presente. Todo tiene que ser ahora. Recuerda que «no es personal, es cerebral». Es algo que no pueden evitar y es absolutamente crucial que estemos pendientes de sus relaciones, que las fomentemos y analicemos para ayudarlas a mejorar su calidad y a elaborar las experiencias que van viviendo con ellas.

LOS AGRAVANTES: LAS SITUACIONES DE VULNERABILIDAD

A estas alturas ya sabes que ser adolescente puede llegar a ser muy estresante. Si a esta situación, ya de por sí de naturaleza estresante, le sumamos situaciones particulares generadoras de estrés psicológico, la probabilidad de subir el volumen del malestar emocional —y con él de impulsar los riesgos potenciales— es enorme. Deberemos poner mayor atención en el acompañamiento de personas adolescentes que se encuentran en situaciones vulnerables. La pobreza, el abandono, el rechazo, los procesos migratorios, la diversidad funcional, las enfermedades, las psicopatologías, los divorcios conflictivos, los abusos, las pérdidas importantes y muchas otras situaciones de fragilidad ponen en riesgo a las personas adolescentes que tienes a tu alrededor. Te conviene saber que las situaciones de vulnerabilidad pueden estresarlas psicológicamente y provocar que tomen decisiones de alto impacto para su vida adulta. Anticipar estas situaciones y buscar recursos para atenderlas en los diferentes procesos por los que pasen va a ser la clave para que sus circunstancias no dejen grietas demasiado grandes en los cimientos de su vida adulta.

¿QUÉ PASA SI SE ACOMPAÑA LA ADOLESCENCIA COMO NECESITA?

La adolescencia es la antesala de la vida adulta y de cómo la vivamos dependerá en gran parte cómo continuemos a partir de ahí. Aunque la etapa sea compleja y pueda parecer que acompañarla es difícil o que todo lo que pasa es muy delicado, lo cierto es que tomar ciertas medidas y entender bien la etapa es suficiente para ir a favor de su desarrollo, no dificultarles las tareas evolutivas imprescindibles y disfrutar de este gran episodio de su vida.

La adolescencia es un período de nuestro ciclo vital tremendamente entusiasta, creativo, lleno de oportunidades increíbles que deberían guiar nuestras acciones y convertirse en nuestro objetivo cuando las acompañamos. Te conviene saber que deberíamos acompañarlas para que se conviertan en personas adultas capaces de convivir y de generar en la sociedad, y en ellas mismas, la transformación necesaria para mejorar lo que no funciona. Deberíamos acompañarlas para que descubran sus intereses. Para que conozcan sus límites y los límites de las demás personas. Para que entiendan sus orígenes y se sientan seguras con su identidad. Para que puedan orientarse y ser lo más funcionales posible en el mundo en el que viven. Para cuidar de su salud física, mental y emocional. Para identificar y regular sus emociones. Para resolver los conflictos que la vida les va sirviendo a lo largo del camino. Para tejer una red de apoyo social que les dé sostén cuando sea necesario y con la que puedan compartir y celebrar los momentos bonitos de la vida. Para saber adaptarse a los cambios y pedir ayuda cuando tengan dificultades que no puedan resolver solas. En definitiva, deberíamos acompañar para que tengan la mejor relación posible con ellas mismas, con el resto del mundo y con la vida que tienen.

LOS RETOS DE LAS PERSONAS ADULTAS QUE ACOMPAÑAN LA ADOLESCENCIA

Las personas adultas tenemos varios retos cuando acompañamos la adolescencia. Ser pacientes ante las conductas propias de la etapa que más nos incomodan o mantener la firmeza ante las situaciones en las que debemos establecer los límites son dos de los más importantes. Ambos nos van a ayudar a proteger las necesidades del desarrollo en esta etapa y a darles la seguridad que necesitan para crecer. Estas funciones deben ir acompañadas de nuestra capacidad para regular las emociones más desagradables y mantener a raya el miedo, que a menudo nos hace tomar decisiones que van en la dirección opuesta a lo que queremos. Esto último va a significar dejarnos ayudar, en algunas ocasiones, por el entorno más cercano, siempre que sea posible, o por profesionales de la relación de ayuda que estén cualificadas para acompañarnos. Tendremos que aprender a respetar sus ritmos, pero también los nuestros, y a proteger nuestras propias necesidades. Esto último teniendo siempre presente que las personas en desarrollo son ellas, que nosotras somos las personas adultas y que nos necesitan. La adolescencia viene con una alta dosis de sorpresas, momentos incómodos, situaciones embarazosas e intensidad emocional. Si a eso se le suma el momento de la vida que estamos pasando como adultas, muy variopinto en función de las circunstancias de cada una, puede resultar complicado mantener la calma y actuar con prudencia.

En muchos momentos, deberemos explotar al máximo nuestra creatividad y todo el sentido del humor del que podamos hacer gala para superar algunas situaciones. Nos ayudará medir nuestras palabras para no provocar chispazos emocionales que deriven en conflictos vacíos y tendremos que reservar los consejos para cuando sean adultas. Supondrá todo un desafío actualizarnos, cuidarnos y aprender para poder estar a su lado como necesitan. En algunos momentos, nos tendremos que enfrentar a las personas de nuestro entorno, que siempre tendrán una opinión sobre la forma en que educamos, y a veces será muy complicado convertirnos en un modelo de adulta humana e imperfecta que las inspire. Porque somos humanas, imperfectas y eso es también un gran aprendizaje durante la adolescencia. Lo que más te conviene saber es que el reto más importante que tenemos como adultas es transmitirles que las queremos a pesar de los pesares, que respetamos su individualidad y que siempre estaremos ahí para ayudarlas a entender lo que les pasa.

RECAPITULANDO

Te conviene saber …

1. … que la adolescencia tiene el potencial de aumentarlo todo de forma natural.
2. … que acompañar la adolescencia no va a ser fácil.
3. … que se están desarrollando en esta etapa las funciones cerebrales relacionadas con el control de la conducta, que aún no pueden evitar hacer las cosas que hacen o dicen y que no pueden entender las consecuencias emocionales de lo que han hecho o van a hacer.
4. … lo que puedes esperar en cada una de las fases de la etapa.
5. … que les están preocupando mucho sus sensaciones corporales, el descubrimiento de su aspecto físico o su sexualidad.
6. … que en este momento las personas adolescentes de tu vida están analizando sus orígenes y su entorno familiar, pueden estar comparando sus posibilidades con las de otras personas y todo eso les afecta.
7. … cuáles son los principales riesgos a los que las personas adolescentes se enfrentan y que se producen como consecuencia de las características de la etapa y de nuestra forma de estar con ellas en su adolescencia.
8. … que la distancia se va a empezar a abrir camino como paso necesario para llegar a ser adultas, pero que eso no significa que las estés perdiendo o que te estén apartando de su vida.
9. … que la construcción de la propia identidad es un

proceso que implica buscar, probar, encontrar, escoger, desechar, cambiar... que tu apoyo es crucial en ese proceso y que, solo teniendo la posibilidad de encontrarse con sus intereses, con lo que les gusta y con lo que no, pueden definirse ante las demás personas y proyectarse al mundo con seguridad.

10. ... que la autoestima es tremendamente vulnerable en esta etapa.

11. ... que durante la adolescencia, la transformación de la forma en que pensamos es la causa de la excesiva atención que ponemos en nosotras mismas y de nuestra actitud desafiante.

12. ... que las emociones que se mueven en cualquiera de sus mundos resuenan en todos ellos, que son intensas y que aún no pueden autorregularlas de forma eficaz.

13. ... que las iguales tienen un gran impacto emocional en la adolescencia y que las relaciones adolescentes son intensas y frágiles.

14. ... que las situaciones de vulnerabilidad pueden estresarles psicológicamente y provocar que tomen decisiones de alto impacto para su vida adulta.

15. ... que deberíamos acompañarlas para que se conviertan en personas adultas capaces de convivir, de generar en la sociedad y en ellas mismas la transformación necesaria para mejorar lo que no funciona.

16. ... que el reto más importante que tenemos como adultas es transmitirles que las queremos a pesar de los pesares, que respetamos su individualidad y que siempre estaremos ahí para ayudarlas a entender lo que les pasa.

PARTE 3
SABER MIRAR PARA DESCUBRIR LAS NECESIDADES DE LAS PERSONAS ADOLESCENTES Y DETECTAR LOS INDICADORES DE RIESGO

¿CUÁLES DE SUS CONDUCTAS SON NATURALES Y CUÁLES DE SUS CONDUCTAS NOS INDICAN QUE NECESITAN AYUDA?

Con esta parte mi intención es ayudarte a enfocar la mirada en lo que puede complicar el desarrollo de la etapa para que puedas identificar los riesgos y prevenir las consecuencias más desagradables.

OBSERVAR LO QUE HACEN O DICEN Y CÓMO LO HACEN O DICEN

El miedo es algo curioso. Puede salvarnos la vida o dificultárnosla enormemente. Cuando se trata de la adolescencia, etapa arriesgada por excelencia como ya sabes, el miedo adulto puede interferir gravemente en el desarrollo de las personas adolescentes. Si nos asustamos existe el riesgo de obstruir los caminos necesarios para que las personas adolescentes que nos rodean puedan llegar a convertirse en personas adultas sanas. Eso puede hacer que su malestar emocional aumente y ya sabemos que si el malestar emocional aumenta, también pueden aumentar las conductas de riesgo. No es nada sencillo, pero si queremos descubrir lo que les pasa, si queremos detectar esos indicadores que nos van a ayudar a acompañarlas, vamos a tener que enfocar bien nuestra mirada y despojarla del miedo, que a veces nos hace ver cosas que no están y prepararnos para cosas que no vienen.

Ahora que ya conocemos todo lo que están experimentando en este momento de su ciclo vital, que es mucho, nos toca entrenar nuestra mirada para detectar los indicadores que nos alertan del riesgo sin ver riesgo en todo lo que hacen. Para ello va a ser esencial que podamos aprender a mirar desde la voluntad de identificar sus necesidades más que desde la voluntad de protegerlas de todo lo malo que hay en el mundo. Vamos a priorizar conectar con esas necesidades y actuar en cada caso como determinemos más adecuado. No siempre va a ser sencillo, no siempre vamos a dar en el clavo a la primera, pero la paciencia y la constancia nos van a ayudar a mejorar cada día. Recuerda, «sin culpas ni dramas», los errores forman parte del proceso.

Las personas adolescentes no son conscientes de todas sus necesidades, pero lo que hacen y dicen nos da pistas de lo que necesitan, sean ellas conscientes o no de ello. A veces van a necesitar que pongamos límites a sus conductas. A veces van a necesitar que las ayudemos a entender y transitar lo que sienten. A veces van a necesitar que les demos espacio. A veces van a necesitar que las hagamos sentir como las personas valiosas que son, que tienen un lugar en el mundo, que son queridas y aceptadas por ser como son. Van a necesitar muchas cosas de nosotras en esta etapa, pero, sobre todo, van a necesitar que aprendamos a estar junto a ellas de una forma distinta y manteniendo una distancia prudente. Vamos a ir, día a día, surfeando lo que a cada momento aparezca. ¿Cómo está Candela hoy? Vamos a ir paso a paso, sin dejarnos abrumar por el futuro o dejar que el peso del pasado nos impida avanzar. Te conviene observar atentamente sus reacciones, lo que hacen, lo que dicen y cómo lo hacen o dicen, para detectar si necesitan que intervengas de alguna forma o que mantengas la distancia. Muchas veces no te van a pedir ayuda porque las tareas evolutivas de la adolescencia lo dificultan. Muchas veces se van a negar a que intervengas. Muchas veces te van a hacer dudar de si realmente necesitan que estés en ese momento o no y te va a parecer que estás molestando en algunos momentos, pero lo importante es que entrenes tu mirada para hacerte cada vez más sensible a sus circunstancias. Cuando vayas desarrollando esa capacidad para ver más allá de tu instinto por protegerlas, entenderás cada vez mejor en qué momentos intervenir y en qué momentos no hacerlo.

En esta parte encontrarás respuestas para orientarte en esta tarea, para empezar a entrenar tu mirada y a ver lo que realmente es importante ver. En los capítulos que siguen conocerás los aspectos en los que vamos a tener que poner atención y en la cuarta parte de este libro conocerás las pautas para acompañar lo que pasa con estos aspectos clave.

OBSERVAR LOS CAMBIOS EMOCIONALES

Las emociones son la parte más compleja de acompañar durante la etapa si no disponemos de una educación emocional que nos haya permitido desarrollar la capacidad para sentir, transitar y regular nuestras propias emociones. Si nadie nos ha acompañado para entender el mensaje de lo que sentimos, puede ser complicado acompañar las suyas.

Las emociones en esta etapa propician momentos estupendos para recordar, pero también son las encargadas de impulsar las conductas más arriesgadas y pueden hacer que se tomen decisiones con consecuencias desagradables. Por eso vamos a tener que prestarles una especial atención y observarlas para detectar el malestar emocional. Te conviene observar sus cambios de conducta y sus estados de ánimo en vuestro día a día para detectar el malestar emocional.

Nos concentraremos en atender las consecuencias de lo que les va pasando cada día. Si desatendemos lo que sienten y no las ayudamos a entender lo que les pasa, no les damos un espacio para que puedan hacerlo solas o lo menospreciamos, no las ayudamos a transitarlo. Eso puede dar como resultado que se comporten de forma arriesgada y puede generar grandes conflictos. Recuerda que la conducta la impulsan las emociones y los pensamientos derivados de ellas, así que cualquier estado emocional intenso las puede empujar a hacer algo impulsivo o tiene el potencial de generar un conflicto en casa. Cada día va a ser una aventura nueva, cada día el contador se pone a cero y el juego empieza de nuevo.

Para las personas adolescentes, cualquier cambio tiene el potencial de generar malestar emocional y cualquier emoción puede sentirse de forma muy intensa. Eso quiere decir que, si hemos detectado que Candela hace días que no habla de su amiga Julia ni queda con ella, es probable que algo esté pasando en esa relación que le esté preocupando o haciendo sentir algo profundo. O que, si a Candela le toca cambiarse de centro educativo por cualquier motivo, ha verbalizado que no quiere hacerlo y se enfada cuando habláis del tema, eso pueda tener su origen en algo que está sintiendo y que aún no puede regular y no sabe cómo expresar. O que, si Candela se ha ido al instituto contenta esta mañana, pero vuelve cabizbaja, enfadada o más silenciosa de lo habitual, eso pueda estar advirtiéndonos de que algo le haya pasado allí y que quizá no sabe identificarlo o cómo compartirlo. Recuerda que les cuesta pedir ayuda y que no te van a contar de entrada lo que sienten si es algo que creen que no vas a entender o algo que creen que no vas a aprobar. O que, si Candela ha recibido un comentario de su tía que la ha expuesto ante la familia y se ha refugiado en su móvil el resto de la comida familiar, algo le esté pasando con relación a eso que quizá tiene más profundidad de lo que, como adultas, podamos considerar.

En todos esos casos vamos a tener que hacer más que decir. Vamos a tener que ser sensibles a sus cambios de humor —naturales en la etapa por procesos que ya conocemos que se producen en el cerebro—, y familiarizarnos con esa vulnerabilidad emocional que hace que sus emociones las secuestren a menudo. Cuando una persona adolescente sale al mundo, en cualquiera de los entornos en los que se relaciona existe la posibilidad de que reciba impactos emocionales de alta intensidad. Como adultas podemos dar perspectiva a lo que nos pasa en los diferentes espacios de nuestra vida, ellas aún no pueden hacerlo, así que vamos a estar atentas cuando salen, cuando vuelven, cuando tenían expectativas sobre un evento, cuando no las tenían, cuando van a hacer algo por primera vez, cuando van a conocer a gente nueva, cuando hay comidas familiares, cuando empieza el curso, cuando llegan las notas, cuando… La vergüenza, la culpa o el miedo, la rabia, la tristeza… Acompañar las emociones va a ser una de las tareas más importantes que vamos a tener que realizar como adultas cuando acompañamos a adolescentes.

Empecemos por reflexionar sobre lo que nos pasa a nosotras cuando sentimos y cómo nos adaptamos a las situaciones que nos hacen sentir lo que sentimos. Ese ejercicio nos ayudará a entender lo difícil que puede ser para ellas encontrarse con su mundo emocional, nuevo y sobrecogedor, cuando todavía están en desarrollo.

OBSERVAR LA EXPLORACIÓN DE SU IDENTIDAD

La construcción de nuestra identidad es un proceso en el que intervienen muchos elementos internos y externos que generan y depositan sus mensajes en nuestro interior. Algunos de ellos resonarán y encajarán en la forma en la que vemos el mundo y otros no. Algunos de ellos pueden dañarnos o dirigir nuestra mirada hacia un lugar poco saludable. Estos mensajes provienen de nuestras experiencias de la infancia; las personas que forman parte de los diferentes grupos con los que nos relacionamos, incluida la familia; de las experiencias que tenemos en los centros educativos por los que pasamos; de las características socioculturales de nuestro entorno; de la lengua que hablamos e, incluso, del lugar físico en el que vivimos. Si Candela crece y vive en Canadá, el proceso de construcción de su identidad es, muy probablemente, bastante distinto al que tendría si creciese y viviese en Ghana.

Esta tarea evolutiva, que en la adolescencia sube de volumen, es imprescindible para sentirnos cómodas en nuestra piel adulta. Nuestra identidad se desarrolla a lo largo de toda nuestra vida, pero en la adolescencia las conductas relacionadas con su exploración toman un gran protagonismo. La búsqueda de la propia identidad es uno de los procesos que más incomodidad puede hacer sentir a las familias porque las personas adolescentes empiezan a hacer elecciones por su cuenta, a experimentar con su cuerpo, con su indumentaria, con la música, a defender unos valores morales determinados y muchas veces distintos a los familiares, a hacer o decir cosas que nunca habían hecho o dicho, a involucrarse en movimientos sociales o políticos, a renegar de ciertas costumbres familiares... Empiezan a encontrar personas que se convierten en referentes para ellas y en las que se reflejan, a proyectarse y explicarse a sí mismas de formas diversas y a diferenciarse de la familia. Por más desafiante que este momento pueda ser para la familia, te conviene observar, conocer y validar las personas que ejercen influencia sobre ellas, los cambios estéticos que experimentan o plantean, los descubrimientos que hacen en relación a su orientación sexual, su identidad de género, los valores con los que se sienten identificadas... para facilitar la construcción de su identidad.

Todos esos aspectos forman parte del proceso de desarrollo y construcción de su propia imagen, con la que se sienten identificadas y cómodas. Una de nuestras misiones acompañando la adolescencia será ayudarlas a tomar perspectiva de ciertas influencias que perpetúan una forma de vida o un mundo que no son aceptables para convivir en sociedad. También tendremos que ayudarlas a detectar aquellos mensajes que las ponen en peligro o que les están impidiendo desarrollarse adecuadamente. Este tránsito acompañado hacia su propia identidad las ayudará a tener una mejor relación con ellas mismas y con el mundo en el que viven.

OBSERVAR LAS EXPERIENCIAS CON SUS IGUALES

Este capítulo y el anterior ya nos darían en sí mismos para un libro entero, porque el uno no existe sin el otro y ambos son tremendamente importantes en esta etapa de nuestro ciclo vital.

Las experiencias que tenemos con nuestras iguales en la adolescencia intervienen y son determinantes en la construcción de nuestra identidad y suponen una fuente inabarcable de emociones intensas. Por ese motivo, uno de los lugares a los que debemos mirar cuando acompañamos la adolescencia es a la forma y la calidad de las relaciones con sus iguales. Identificar lo que está pasando en la esfera social de su vida va a ser crucial. Para poder hacerlo, necesitamos entender bien dónde hay que mirar y en qué debemos fijarnos. Las iguales son todas esas personas que se encuentran en el mismo momento de su ciclo vital, pero no todas las iguales son amistades. A pesar de ello, las opiniones de las iguales tienen el potencial de impactar en su autoestima y en sus decisiones en gran manera. El grupo de amistades es un grupo selecto, escogido de entre todas las iguales, y que cumple unas funciones muy importantes en esta etapa y tiene unas características particulares que nos conviene tener muy presentes.

LAS RELACIONES DE AMISTAD

Las relaciones de amistad en la adolescencia ayudan a realizar las tareas evolutivas de la etapa. Encontrar un grupo al que pertenecer y que hace que nos sintamos queridas y valoradas por como somos es muy importante. Esto no siempre sucede porque encontrar ese grupo depende de muchos factores.

Las relaciones en la adolescencia se generan a partir de intereses afines o experiencias compartidas. Depende de las habilidades sociales de que se disponga, de la mochila emocional que se cargue y de las experiencias que se hayan tenido anteriormente en cuanto a relaciones se refiere. Como son relaciones que están basadas en la construcción de nuestra identidad y en la proyección social —enormemente autoconsciente y autocentrada— que hacemos de nosotras mismas, tienen mucho potencial para impactar en nuestra autoestima y provocar malestar emocional.

Las amistades son importantes en esta etapa porque necesitamos sentir que somos parte de algo, que se nos valora por lo que somos. Candela necesita sentir que es única e insustituible, que su grupo la ha escogido a ella y que ella ha escogido a su grupo. El grupo de Candela le hace sentir importante por lo que ella es, no porque es hija de o hermana de o nieta de alguien. En su grupo tiene un lugar y también un rol determinado. Las amistades le van a proporcionar a Candela infinidad de momentos cada día para sentir. Explorar sus emociones junto a sus amistades le va a ayudar a entenderlas, reconocerlas, regularlas y ajustar su conducta a cada situación.

Efectivamente, las amistades también nos ayudan a regular nuestras emociones y a adaptar nuestra conducta a cada momento. Esta tarea no es responsabilidad exclusiva de las personas adultas que las rodean. En esta etapa vivimos muchas situaciones nuevas y experimentamos sensaciones nuevas acompañadas por personas que están en un momento de su desarrollo similar al nuestro, para las cuales también se trata de algo nuevo; para ellas también es la primera vez de muchas cosas. Compartir las primeras veces en un momento emocionalmente tan intenso puede ser sobrecogedor. En el día a día con sus amistades, Candela va a tener que hacer gala de todas sus habilidades sociales en un entorno lleno de emociones intensas y esto no es nada sencillo por las características de la etapa. La adolescencia necesita oportunidades que la empujen a relacionarse. Sus iguales, sean amistades o no, le proporcionan un entorno en el que seguir desarrollando su capacidad para relacionarse. Con las iguales se aprende a resolver los conflictos, a organizar el tiempo y se empiezan a tomar las primeras decisiones conjuntas en circunstancias diversas. Algunas de ellas serán concretas, como las actividades que se van a realizar conjuntamente, otras serán abstractas, como los valores que se sienten propios, se comparten y se quieren defender.

Con sus amistades, Candela va a empezar a construir un sistema moral de valores propio. Hasta el momento, ha estado compartiendo el sistema de valores familiar, «impuesto» por las creencias familiares. En la adolescencia necesitamos construir nuestro propio sistema de valores y hacemos una revisión de los valores familiares, los ampliamos, descartamos los que no compartimos, acogemos algunos nuevos que hasta el momento no habíamos conocido y nos vamos acercando cada vez más a nosotras mismas.

Pero, de todas las tareas que se llevan a cabo con las amistades, una de las más importantes, como ya hemos visto antes, es el encuentro con la intimidad. Candela va a tener sus primeras relaciones de pareja, y debe ser así. Sus primeras amistades significativas con las que compartir secretos, proyectos, experiencias, etc., y debe ser así. Esta necesidad adolescente suele doler mucho porque implica que no te cuentan muchas cosas que empiezan a formar parte de su mundo interior y que solo comparten en la intimidad con sus parejas y amistades. Por todo esto, te conviene observar cómo se relacionan, qué tipo de relaciones tienen, y lo que les va sucediendo en ellas, para ayudarlas a integrar esas experiencias y a desarrollar sus habilidades sociales.

Todas las necesidades relacionadas con las amistades permitirán a las personas que hoy son adolescentes estar de forma saludable cuando sean adultas y disfrutar de una red social de apoyo imprescindible para hacer frente a muchos momentos de su vida en los que la soledad no ayuda y que, incluso, agrava.

FUNCIONES Y CARACTERÍSTICAS DE LAS RELACIONES SIGNIFICATIVAS

Para saber si sus relaciones están aportándole lo necesario, es importante que sepas dónde mirar y que desarrolles la capacidad de detectar lo que pasa. Para determinar si una persona de su grupo reúne las características necesarias para formar parte de su red, si quieres saber si esa persona con la que se relaciona Candela está cubriendo sus necesidades y puede seguir a su lado el resto de su vida (o al menos una parte de ella), tienes que observar lo siguiente. En primer lugar, que la relación sea recíproca, es decir, que la otra persona también se preocupe e interese por ella y quiera pasar momentos juntas. En segundo lugar, la relación debe ser equitativa, es decir, que ninguna de las dos personas ejerza ningún tipo de poder sobre la otra y que haya afecto e intensidad emocional. Si tienen intereses comunes y/o similitudes, si comparten aficiones, deportes, *influencers*… Explorar si tienen cosas en común te ayudará a determinar si van a tener momentos compartidos para reforzar su relación.

Para que una relación sea realmente significativa debe mantenerse en el tiempo, pase lo que pase, y debe permitir que se vayan superando las dificultades conjuntamente. Así la relación crece y el vínculo se hace más fuerte. Debe ser una relación lo más estable posible, dentro de la inestabilidad que caracteriza a las relaciones en esta etapa. Que no se produzca muy a menudo lo típico de que Candela está dos semanas peleada con su amiga y luego se vuelven a querer inmensamente y luego dos semanas más sin hablarse y luego se aman y luego se pelean otra vez y se odian de nuevo…, y así constantemente.

Una relación debe irse alimentando día a día, semana a semana, se debe cuidar la interacción social y debemos tener en cuenta también si la relación está potenciando a ambas personas. Que Candela y su amiga se animen la una a la otra a sacar lo mejor de sí va a ser también un indicador importante de que la relación funciona adecuadamente. Si Candela encuentra en esa amistad la ayuda que necesita en cada momento, la pida o no, es muy importante para valorar la calidad de esa relación. En casos en los que, además, existe o se produce distancia geográfica, es decir, si la amiga de Candela o Candela se mudan a otra ciudad, temporal o definitivamente, se debe observar si se ponen de forma natural los medios para que la relación se mantenga. La distancia no tiene por qué ser determinante siempre, pero puede dificultar mucho el apoyo en determinados momentos.

En todos esos indicadores, que nos dan pistas sobre la calidad de las relaciones de Candela, tenemos la solución para ayudarla a mejorar sus interacciones sociales. Muchas veces puede que pienses que una determinada persona no es «la adecuada» para relacionarse con ella, pero si cumple esas características, por poco que te guste esa amistad, puede que esta suponga un gran punto de apoyo para ella. Te conviene observar si la persona está por ella, no existe dependencia, se quieren, tienen cosas en común, se pueden ver con asiduidad porque viven relativamente cerca, llevan tiempo juntas, la relación no tiene altibajos, ella se siente valorada y encuentra la ayuda que necesita cuando la necesita, para determinar si esa amistad es significativa y puede ser beneficiosa para ella.

LAS RELACIONES FRATERNALES

El vínculo fraternal tiene una calidad especial y diferente al que tenemos con el resto de la familia o con las amistades. Es muy particular, delicado y valioso, y puede funcionar como un gran punto de apoyo para la adolescencia y la vida adulta. También puede convertirse en un gran factor de protección ante las situaciones de riesgo o todo lo contrario, un activador de las conductas peligrosas. Por eso es tan importante cuidar el vínculo fraternal.

Cada adolescente se relaciona diferente con su padre y con su madre. Si tenemos varias adolescentes en casa y están en el mismo momento de su proceso de socialización, tendremos que atender sus necesidades de un modo concreto. Si, además, hablamos de relaciones en las que hay muchos años de diferencia —en cuyo caso estaremos ante etapas diferentes del ciclo vital—, tendremos que atender las necesidades teniendo en cuenta lo que sucede en cada una de estas etapas. Porque las relaciones fraternales no siempre son simétricas, es decir, no siempre se encuentran en el mismo momento de su desarrollo. Debemos tener en cuenta que son personas diferentes.

Esto quiere decir, entre otras cosas, que tienen rasgos de personalidad distintos y que han interpretado lo que les ha ido pasando de forma diferente. Aunque esto sea una obviedad, muchas veces no lo tenemos en cuenta. Si además una tiene ocho años y la otra catorce, pues tenemos tres factores ya que debemos que tener en cuenta. Su personalidad es distinta, la interpretación del mundo que han hecho es distinta, están en momentos distintos, por lo tanto, no podemos hacer lo mismo con las dos porque son diferentes. Esto parece muy obvio, pero en el día a día lo sencillo a veces no se atiende porque estamos preocupadas por cosas que nos parecen más necesarias, y mantener la individualidad de cada una, siempre, pero sobre todo en esta etapa, es clave.

Las relaciones fraternales son relaciones ambivalentes, como ya habrás notado. Se pasa del odio al amor en un minuto y son muy intensas en cada uno de esos extremos. Es decir, cuando Candela odia a su hermana, la odia a muerte; cuando Candela ama a su hermana, la ama a muerte. Lo típico de «Con mi hermana solo me meto yo». Lo típico de

«Eres la mejor», y al minuto estar rompiéndole algo que le encanta movida por el odio más profundo. Son relaciones horizontales, no como las que se establecen entre ellas y las personas adultas de referencia, que son verticales; recuerda que quien las ayuda a encontrar los límites eres tú porque tú estás en un momento de tu ciclo vital diferente en el que ya puedes hacer esto. Ellas aún no, por eso te necesitan ahí, constante, coherente, lo máximo posible, y firme. Son relaciones ininterrumpidas, es decir, que siempre están ahí. Esto no pasa con las relaciones de amistad, que pueden romperse y desaparecer, y aparecer otras. Las relaciones fraternales son para toda la vida. ¿Para qué sirven las relaciones fraternales? Son un gran factor de protección ante las posibles conductas arriesgadas. Esto quiere decir que si cultivamos y fomentamos una buena relación entre hermanas, también estaremos fomentando que se posicione de forma más segura ante las situaciones de riesgo.

Estas relaciones pueden ser también una parte importantísima de la red de apoyo social durante el resto de la vida. Poder contar con ellas en las diferentes situaciones, tanto agradables como desagradables, que nos van sucediendo en la vida va a hacer que podamos sostenerlas mejor y que podamos dar significado a lo que vamos viviendo sintiéndonos queridas y acompañadas.

Las relaciones fraternales nos ayudan también a poner atención sobre nuestra conducta en diferentes momentos de la adolescencia y también de la vida adulta, y pueden funcionar como factores de regulación ante conductas que no son muy apropiadas o que están poco ajustadas en diferentes situaciones. Piensa que estas relaciones suponen el primer entorno en el que nos relacionamos con otras personas y nos pueden ayudar a entender cómo piensan y sienten las demás, por eso, entre otras cosas, es tan importante que las acompañemos y vayamos atendiendo lo que va sucediendo en ellas. También ayudan a mantener la continuidad entre los diferentes entornos del desarrollo en los que nos movemos, es decir, el hecho de que Candela vea a su hermana en casa, después vayan juntas al instituto y, al acabar, estén en el mismo lugar haciendo deporte, aunque hagan deportes diferentes, les puede ayudar a adaptarse mejor y a desarrollarse en los diferentes entornos que comparten.

También son claves en el proceso de exploración de nuestra identidad, nos pueden ayudar a sentir que pertenecemos, que formamos parte de algo, que se nos quiere por el hecho de ser nosotras. Y, como ya sabes, la exploración de la identidad es un proceso esencial en la adolescencia. Te conviene observar, en las relaciones fraternales, lo mismo que vas a observar de sus otras relaciones, poniendo énfasis en lo que expresan relacionado con la familia y con su percepción sobre su situación en relación a la familia. Recuerda la gran necesidad de protagonismo que necesitamos en esta etapa y lo intensas que son nuestras emociones. Observa qué comentarios hace Candela sobre lo que cree que significa para vosotras, sobre cómo siente que la tratáis, cómo habla con las demás adolescentes o peques que tenéis en casa. Esta observación te dará perspectiva y te permitirá intervenir cuando sea necesario como sea necesario.

OBSERVAR SU VIDA DIGITAL

Poner el foco en su vida digital, en lo que hacen cuando se conectan a Internet y en el uso que hacen de sus dispositivos electrónicos va a ser muy importante para prevenir y atender los riesgos de la etapa. Internet ha cambiado la forma en la que nos conocemos, nos comunicamos, nos relacionamos, ligamos, nos informamos, aprendemos, trabajamos e, incluso, la forma en que compramos.

Para las adolescencias actuales y futuras, la tecnología supone una parte ineludible de sus vidas y es absolutamente imprescindible que las acompañemos para que entiendan su uso, eviten los abusos y podamos prever las conductas arriesgadas. Por ese motivo es necesario que nos actualicemos y conozcamos las posibilidades tecnológicas que existen, las redes sociales de moda, las aplicaciones que más usan, las webs que frecuentan y qué buscan en ellas, los contenidos que se viralizan y los riesgos en la red. Te conviene observar su vida *online* y sus rutinas tecnológicas, así como ayudarlas a desarrollar buenos hábitos de higiene digital. Las personas adolescentes se conectan a Internet y hacen uso de sus móviles, tabletas y ordenadores personales constantemente y por diferentes motivos. Su uso forma parte de la exploración de su autonomía, su identidad y su intimidad, y muchas veces resulta complicado saber a qué contenidos acceden. Más adelante conocerás estrategias para estar más al día de lo que ven y de cómo ayudarlas con esos hábitos. Se conectan para calmar su malestar emocional, para explorar su identidad, para relacionarse y conocer gente o para buscar información sobre algo que necesitan. Aunque no quieras que lo hagan o creas que tienen otras formas de hacer todo eso y no compartas o comprendas aún su necesidad de usar el dispositivo, es necesario tener en cuenta que es muy importante para ellas usar estos canales y que si los restringimos, estamos restringiendo algunas de sus estrategias para estar mejor, para desarrollarse y para relacionarse. Interrumpir, distorsionar, tratar de evitar o intentar controlar cualquiera de estas tareas adolescentes es arriesgado para su proceso de transición a la vida adulta y, si lo hacemos sin conocimiento de causa, puede generar grandes conflictos que aumenten notablemente su malestar emocional. Ya sabemos que, a mayor malestar emocional, mayores las conductas de riesgo, con lo cual este va a ser un aspecto que debemos tratar con mucha atención.

OBSERVAR SU ORIENTACIÓN
FORMATIVA Y LABORAL

«¿Qué quieres estudiar?». La pregunta del millón. Esa es la típica pregunta que le hacemos a Candela esperando que ya haya descubierto a lo que se quiere dedicar. Cuando nos dice que no lo sabe, podemos cometer el error de presionarla y decirle eso de «Pues ya tendrías que saberlo, espabila».

El sistema educativo está organizado para tomar una decisión muy importante en uno de los momentos de nuestro desarrollo más complejos e inestables. Un momento en el que no podemos entender las consecuencias emocionales de tomar ciertas decisiones. Un momento de formación de la identidad en el que estamos explorando nuestros intereses y solemos estar desorientadas al respecto. Un momento en el que lo que menos motiva, habitualmente, es estudiar. Un momento de nuestro ciclo vital cuyas características nos impiden pensar en el futuro en clave de esfuerzo.

En los centros educativos se ofrecen, además, muy pocos espacios para acompañar en la difícil tarea de descubrir qué horizonte profesional nos genera curiosidad. Porque ahí está la clave, en encontrar algo que genere la curiosidad suficiente para vincularse a ello durante años. La curiosidad es el combustible de la motivación. Cada adolescente tiene su propio ritmo y sus propios talentos. Si no podemos organizar el sistema educativo de acuerdo a las necesidades de la etapa y proponer espacios para que descubran esos talentos, para orientarlas, para que prueben, no van a encontrar por arte de magia a lo que quieren dedicar los próximos años de su vida. No les va a ser fácil decidir y pueden experimentar un gran malestar emocional por ello.

Con tanta presión sobre el tema, Candela puede escoger la profesión de alguien a quien admira y que acabe confundiéndola más. O escogiendo algo que le suena bien, pero para lo que no dispone de habilidades. O puede decidir con prisa por lo que se supone que va a ser mejor aceptado en el entorno familiar. O puede agobiarse con el tema y querer escapar abandonando los estudios. O puede que se decida por lo que cree que va a darle más dinero trabajando poco. Lo cierto es que lo más natural en esta etapa es que no tengan claro aún a qué se quieren dedicar porque las prioridades evolutivas son otras.

En la adolescencia no deberíamos decidir nuestro futuro profesional, pero ya que hay que hacerlo, deberíamos concentrarnos en ponérselo más fácil. Vamos a tener que entender que no a todas las adolescentes les apasiona estudiar y que no para todas es una prioridad. Y no pasa nada por ello. Que no sea lo primero en su lista no significa que no pueda conseguir finalizar los estudios obligatorios o que no vaya a encontrar una opción laboral que le permita ser autónoma en su vida adulta. Si a Candela no le motiva estudiar o en su centro educativo no se dan las condiciones necesarias para que eso cambie —o ambas cosas—, Candela no tiene por qué suspender y abandonar los estudios. Sin tener motivación nos va a costar un poquito más que se concentre y que desarrolle hábitos de estudio que le permitan rendir académicamente, pero podemos hacer cosas al respecto, como veremos en la siguiente parte dedicada a las pautas.

En mi experiencia, estudiar es una prioridad para aquellas personas adolescentes que sienten una gran motivación por ejercer una profesión en concreto, para la que tienen vocación o por la que se sienten muy atraídas. También para aquellas que lo hacen por complacer a las personas adultas de su entorno o por obtener su reconocimiento. Esto no quiere decir que les guste estudiar, quiere decir que tienen un objetivo que las motiva a hacerlo. Nuestra motivación está vinculada a algo que tiene valor suficiente para que nos movamos por ello. Nos movemos por algo que necesitamos, por algo que echamos de menos o por algo que nos augura una recompensa, pero que, en todo caso, es valioso para nosotras. Estudiar no tiene demasiado valor en esta etapa, así que va a costar motivarlas para que trabajen por su futuro, de entrada.

Hago mención aparte del caso más curioso, en mi opinión: el de aquellas adolescentes que verbalizan que les gusta aprender. Haberlas haylas, aunque, en mi experiencia, no son las más. Para ayudarla con la importante tarea de orientarse formativa y laboralmente, para evitar que abandone o que la situación se complique, te conviene observar la forma en la que estudia, su trayectoria académica hasta ahora y su rendimiento, todo lo relacionado con el centro educativo, así como todo lo que va a verbalizar que le interesa o todo por lo que manifieste curiosidad. Detrás de cualquier comentario que pueda parecerte insustancial, se puede esconder la semilla de la motivación. Es importantísimo que esta semilla exista antes de hacer una elección y en eso va a consistir nuestra misión adulta mientras las acompañamos: en crear oportunidades a su alrededor para que puedan encontrar la motivación y tomar la mejor decisión para ese momento.

OBSERVAR LAS ALERTAS DE SU SALUD MENTAL

Por toda la complejidad de la etapa y el gran malestar emocional que se da de forma natural en la adolescencia, entre otros factores, hay muchas psicopatologías que aparecen, se manifiestan o se desarrollan en este momento. Los trastornos de la conducta alimentaria, las depresiones con o sin ideación suicida, las adicciones, los trastornos de conducta, las autoagresiones... Te conviene observar las manifestaciones del malestar emocional en su vida cotidiana; es importante detectar sus señales antes de que la situación se vuelva más compleja, para buscar ayuda profesional especializada en caso de darse los síntomas de alerta. Observar cómo come, cómo duerme, lo que verbaliza de sí misma y de su vida, la calidad de sus rutinas, su estado de ánimo, su rendimiento académico, entre otros aspectos de su vida diaria, van a marcar la diferencia para detectar psicopatologías. La situación provocada por la pandemia ha hecho que muchas psicopatologías hayan aparecido, se hayan agravado o se hayan vuelto insostenibles. Una de las consecuencias más graves de la pandemia ha recaído sobre la salud mental y emocional de las personas adolescentes; es importante saber cuándo preocuparse.

CUÁNDO PREOCUPARSE

Empezamos esta parte hablando de la importancia de observar sus reacciones, lo que hacen, lo que dicen y cómo lo hacen o dicen. Ahí está la respuesta de lo que pueden estar necesitando más que en las preguntas que les hacemos con la esperanza de que nos comuniquen lo que les pasa.

Finalizamos esta parte hablando de las conductas que deben preocuparnos inmediatamente. Muchas veces las personas adolescentes no saben que lo que les pasa es algo que debe ser acompañado y tampoco pueden imaginar hacia dónde se va a desarrollar o les va a conducir eso que les pasa. Atender a los cambios drásticos en su conducta nos va a poner sobre aviso y va a activar nuestra intervención y la búsqueda de ayudas. Te conviene observar y atender los cambios drásticos en la alimentación, en el sueño, en sus rutinas y hábitos, en su estado de ánimo, en sus relaciones o en su rendimiento académico.

Un cambio drástico implica que algo está afectando su funcionamiento habitual, y ese algo debe ser explorado y acompañado adecuadamente. Si deja de hacer algo que hacía siempre, si se muestra más irascible o triste de lo habitual durante un período de tiempo prolongado, si deja de salir con sus amistades y se aísla, si se distancia emocionalmente, si suspende muchas asignaturas y nunca lo había hecho… Todas estas conductas nos están alertando de que existe algo que atender. Por incómodas que puedan ser sus conductas, sus palabras, sus gestos, debemos ver más allá: lo que hace o dice es siempre la expresión de algo más profundo que todavía no puede comprender y que puede estar haciéndole daño. Los comportamientos más disruptivos son una llamada de atención que debe ponernos en acción para encontrar la forma de calmar su malestar.

Y, para finalizar esta parte, me gustaría hacer mención especial del malestar emocional que no llama la atención. Del que parece que no existe, de esas adolescentes tan responsables, tan obedientes, tan calladas, tan respetuosas, tan aplicadas… Cualquier forma de «no expresión» de las necesidades naturales de la etapa puede estar escondiendo algo que necesite nuestra atención o nuestra intervención. Quizá no sea nada, pero mejor mirar, por si las moscas. Entrenar nuestra mirada y enfocarnos en la detección de los indicadores de riesgo nos da la posibilidad de concentrarnos en lo realmente necesario durante esta etapa.

RECAPITULANDO

Te conviene observar atentamente...

1. ... sus reacciones, lo que hacen, lo que dicen y cómo lo hacen y dicen, para detectar si necesitan que intervengas de alguna forma o que mantengas la distancia.

2. ... sus cambios de conducta y sus estados de ánimo en vuestro día a día, para detectar el malestar emocional.

3. ... conocer y validar a las personas que ejercen influencia sobre ellas, los cambios estéticos que experimentan o plantean, los descubrimientos que hacen en relación a su orientación sexual, su identidad de género, los valores con los que se sienten identificadas... para facilitar la construcción de su identidad.

4. ... cómo se relacionan, qué tipo de relaciones tienen y lo que les va sucediendo en ellas, para ayudarlas a integrar esas experiencias y a desarrollar sus habilidades sociales.

5. ... si sus amistades están por ellas, no existe dependencia, se muestran afecto, tienen cosas en común, se pueden ver con asiduidad porque viven relativamente cerca, llevan tiempo juntas, la relación no tiene altibajos, ellas se sienten valoradas y encuentran la ayuda que necesitan cuando la necesitan, para determinar si esa amistad es significativa y puede ser beneficiosa para ellas.

6. ... en las relaciones fraternales, lo mismo que vas a observar de sus otras relaciones, poniendo énfasis en lo que expresan relacionado con la familia y con su percepción sobre su situación en relación a la familia.

7. … su vida online y sus rutinas tecnológicas, así como ayudarlas a desarrollar buenos hábitos de higiene digital.

8. … la forma en la que estudian, su trayectoria académica hasta ahora y su rendimiento, todo lo relacionado con el centro educativo, así como todo lo que van a verbalizar que les interesa o todo por lo que manifiesten curiosidad.

9. … observar las manifestaciones del malestar emocional en su vida cotidiana; es importante detectar sus señales antes de que la situación se vuelva más compleja, para buscar ayuda profesional especializada en caso de darse los síntomas de alerta.

10. … y atender los cambios drásticos en la alimentación, en el sueño, en sus rutinas y hábitos, en su estado de ánimo, en sus relaciones o en su rendimiento académico.

PARTE 4
LO QUE HAY QUE SABER HACER PARA ACOMPAÑAR LO QUE VA SUCEDIENDO

¿QUÉ PODEMOS HACER Y CÓMO PODEMOS HACERLO PARA ACOMPAÑARLAS DURANTE ESTA ETAPA?

En esta parte mi intención es darte pautas concretas y sencillas para que acompañes todo lo que puede suceder en la etapa.

PAUTAS PARA EL ACOMPAÑAMIENTO PRUDENTE DE LA ADOLESCENCIA

Acompañar la adolescencia de forma prudente significa prestar atención total a las personas adolescentes que hay en tu vida, pero a una distancia moderada.

El acompañamiento prudente de la adolescencia se basa en calmar el malestar emocional para reducir las conductas de riesgo. Se caracteriza por darles a las personas adolescentes la seguridad que necesitan para desarrollarse según los mandatos de la etapa. Ayuda a eliminar las culpas y relativizar los dramas propios de este momento del ciclo vital para que viváis y disfrutéis de una adolescencia lo más tranquila posible. Se centra en mejorar la comunicación con las personas adolescentes de tu vida, ayudarlas a autorregular sus emociones y convertirte en una persona de confianza para ellas, en una persona de referencia para ellas.

Esto último puede marcar la diferencia en su toma de decisiones. Vas a tener que llegar a acuerdos, negociar, anticipar, hacerlas reflexionar... Vas a concentrarte en prevenir y atender las conductas arriesgadas. También vas a tener que acompañar las consecuencias de esas conductas. Vas a ayudarlas a tomar decisiones, orientarlas para escoger una formación, a entender lo que pasa en sus relaciones y cómo mejorarlas, prepararlas para usar adecuadamente los móviles, las redes sociales y otros dispositivos, entre otras muchas cosas. Acompañar la adolescencia de forma prudente significa caminar junto a las personas adolescentes a una distancia suficiente para verlas bien sin que se sientan observadas o perseguidas. Evitar que sientan que invades su espacio es esencial.

Acompañar la adolescencia de forma prudente significa darles perspectiva para que puedan decidir y acoger su dolor cuando el resultado de esa decisión no sea el que esperaban. Acompañar a las personas adolescentes en su transición hacia la vida adulta es estar cerca y favorecer que desarrollen sus capacidades todo lo posible y así puedan desenvolverse de forma autónoma. Es conseguir que puedan entender el mundo en el que vivimos y contribuir a mejorarlo. Es proporcionarles las herramientas para que puedan entenderse, cuidarse y respetarse a ellas mismas y a las demás personas. Es generar oportunidades para que puedan construir una buena red social de apoyo y mantenerla. «Acompañar» va a ser el verbo estrella. No vas a «dirigir» ni vas a «guiar» ni vas a «enseñar». Vas a acompañar, día a día, lo que va a ir sucediendo. «Acompañar» es un verbo que inspira horizontalidad; voy a tu lado. Voy contigo, aprendo contigo y te ayudo a entender lo que pasa para que tú también aprendas. Aprendemos juntas. Te ayudo para que interpretes el mundo y saques tus propias conclusiones. Te ayudo porque me importas, te ayudo porque yo estoy en otro momento del ciclo vital, dispongo de otra perspectiva, he tenido mis propias experiencias y he aprendido mucho.

Aunque como adulta hayas hecho tus propios y valiosos aprendizajes, ahora se trata de favorecer los suyos, que son distintos a los tuyos. Te ayudo porque es un honor poder ayudarte. Pedir ayuda es de gran valor y que alguien te pida ayuda es una muestra de coraje y de confianza extraordinaria. A continuación tienes muchas pautas para atender las situaciones que te va a plantear la adolescencia. Muchas de las cosas que pueden pasar en esta etapa van a suponer un reto enorme para ti, mantén el foco en lo importante y vuelve a estas páginas cuando lo necesites para recordar y seguir aprendiendo.

ADOLESCENCIA MODO *ON*

Lo primero que necesitas es poner la adolescencia en modo *on*. Tener muy claro lo que les está pasando a las personas adolescentes que te rodean y cuál es el reto al que se enfrentan: pasar del entorno seguro de la familia al entorno incierto del mundo. Se enfrentan al reto de encajar socialmente a la vez que se definen individualmente. Se dirigen hacia su vida adulta aprendiendo a resolver por sí mismas muchas situaciones por primera vez.

La adolescencia está llena de primeras veces y eso incluye la posibilidad de cometer errores. Equivocarnos forma parte del proceso de aprender, así que elimina la necesidad de conseguir que nunca se equivoquen o de que nunca sientan dolor. En su lugar, prepárate para verlas equivocarse y pasarlo mal. No vas a poder protegerlas de todo lo que va a pasarles en esta etapa, pero puedes estar ahí siempre que necesiten comprender lo que ha pasado. Siempre que necesiten recordar que son queridas a pesar de que cometan errores y que un error no significa perder la oportunidad de tener una buena vida. Prepárate para ayudarlas a recuperarse y tomar una nueva decisión que redirija su rumbo. Repasa las características de esta etapa del ciclo vital, cuáles son los principales cambios y tenlos siempre muy presentes en tu día a día. Cuando hables con Candela, cuando la observes hacer, cuando te sorprenda alguna de sus respuestas, de sus decisiones, cuando la veas triste porque ha pasado algo que no esperaba, cuando haya errado, cuando alguien haya hecho algo… Recuerda lo que está sucediendo en su cuerpo, en su cerebro, la intensidad de sus emociones, la impulsividad, la dificultad para controlar algunas de las cosas que hace, la presión social que siente sobre sus decisiones...

Recuerda que tú eres adulta y ella está todavía en desarrollo. La infancia ya queda atrás y es hora de concentrarse en la nueva etapa del ciclo vital que le toca vivir a Candela. Todo lo que no sea esto, no te va a ayudar a acompañarla en este importante momento y va a alejarte de ella, lo cual no te interesa si quieres convertirte en una de sus referentes.

LA COMUNICACIÓN
ES LA CLAVE

Para convertirnos en personas adultas referentes para una persona adolescente tenemos que concentrarnos en la comunicación. Las personas adolescentes necesitan que nos comuniquemos con ellas de una forma determinada que dista mucho de la forma en la que nos comunicábamos con ellas en la infancia. Es muy importante que al relacionarnos con ellas sigamos algunas pautas. El objetivo de estas pautas es que sientan que las entiendes y que pueden confiar en ti. La confianza va a ser clave para que cuenten contigo y para que puedan desarrollarse como necesitan en esta etapa.

Para conseguir esto, vamos a construir una relación cómplice. Recordando muy bien cuál es nuestro rol en este momento y lo que necesita Candela de nosotras, vamos a trabajar para que nuestra relación reconozca su autonomía, dé espacio a la búsqueda de su identidad y suponga una referencia para ella en los momentos de duda, desorientación o malestar emocional. No se trata de convertirnos en sus «amigas», tenemos el rol que tenemos y somos adultas, pero es crucial que perciba que cuentas con ella porque valoras sus aportaciones y que se sienta protagonista de su vida en este momento. Va a ser necesaria la complicidad para que la relación permita una comunicación fluida. Si solo te diriges a ella para criticar, juzgar o exigir va a ser muy difícil que podáis conectar y que puedas traspasar la barrera de impermeabilidad que se crea una persona adolescente cuando una adulta usa su poder de forma autoritaria. No invalides de entrada lo que dice. No le digas que no de entrada a lo que pide. No te pongas el traje de adulta experimentada y le expliques por qué no debe hacer esto o lo otro. Agárrate a la humildad y a la voluntad de conocer a la Candela que tienes delante y aplícate para que sienta que tiene un espacio propio en tu vida y que es reconocida por lo que es, por su forma de ser, por su forma de pensar... Esfuérzate para que las diferentes situaciones que se plantean durante su adolescencia se miren desde la perspectiva de la reflexión. Cuando Candela te proponga un nuevo reto, deja abierta la posibilidad y ayúdala a entender qué significa lo que está proponiendo. A continuación, tienes las pautas para conseguir crear esta relación cómplice con una comunicación fluida que haga crecer la confianza y permita que Candela se sienta respetada y acompañada. Estas pautas se basan en «hacer» más que en «decir». ¿Preparada para ponerte en acción?

PREPARAR LA CASA PARA LA ADOLESCENCIA

En la infancia preparamos la casa para que la personita que está en desarrollo pueda estar segura, sentirse segura y encontrar todo lo necesario para este momento de su ciclo vital. Cubrimos los enchufes, instalamos vallas de seguridad infantil, compramos tronas para que puedan comer en la mesa, ponemos a su disposición todos los accesorios para que puedan jugar, aprender a andar, hablar, hacer pipí... Nos aseguramos de que la casa está preparada para acoger las necesidades que va a tener mientras crece. Lo hacemos porque comprendemos que el hogar es un lugar en el que van a realizar muchas funciones importantes en la infancia y queremos que encuentren en él todo lo necesario para realizar las tareas evolutivas imprescindibles.

Sin embargo, cuando llega la adolescencia no preparamos en absoluto la casa para que las personas adolescentes puedan realizar las tareas evolutivas de la etapa. De repente, la casa se convierte en un santuario adulto en el que solemos exigir que las cosas estén y se hagan de una determinada manera. Pasamos de adaptar la casa para que puedan desarrollarse a exigirles que se adapten a la casa que nosotras queremos tener.

Preparar la casa para la adolescencia va a ser el primer paso para conseguir comunicarnos con Candela como necesita en esta etapa. Si cada vez que Candela aparece en el espacio comunitario de la casa le decimos que no haga esto o no haga lo otro, que se calce, que no se siente así o asá, que deje el móvil o que pasa demasiado tiempo en su cuarto, Candela va a querer pasar más tiempo aún en él porque no va a sentirse cómoda en los espacios comunes. Para facilitar que Candela pase tiempo en los espacios comunes tenemos que poner intención en prepararlos para que se sienta bien en ellos y para que en ellos encuentre estímulos que le generen curiosidad.

Para acomodar la casa para la adolescencia tenemos que empezar por el dormitorio. El dormitorio de una persona adolescente es el lugar más importante de la casa para ella en este momento. En él va a realizar muchas de las funciones imprescindibles para convertirse en adulta. En él va a encontrarse con su intimidad, va a explorar su identidad, su autonomía, va a descubrir su cuerpo, va a sentir y transitar muchas emociones, va a relacionarse con sus amistades... Su cuarto es su centro de operaciones en la casa, el refugio en el que va a encontrarse con ella misma por primera vez, en el que va a imaginarse y desde el que va a proyectarse al mundo. Es un lugar de seguridad para ella, por ese motivo la puerta debe estar cerrada y nunca debemos entrar sin llamar.

Al llegar la adolescencia es importante que la persona adolescente pueda redecorar su cuarto, que se convierte en la expresión de su búsqueda de identidad, en una extensión del «yo» que está construyendo. Por eso muchas veces suele estar desordenado, por eso muchas veces piden pintar las paredes, colgar en ellas fotos, pósteres, etc. Al permitirles desarrollar su creatividad en su cuarto estamos favoreciendo la exploración de su identidad.

Es importante que mantengamos la puerta cerrada y que llamemos antes de entrar si no queremos interrumpir momentos importantes o encontrarnos con situaciones que puedan ser desagradables para nosotras. Si abres la puerta sin llamar, tienes que estar preparada para lo que vas a encontrar y, muy probablemente, para la discusión que se va a generar después.

Muestra que respetas su espacio y te dejará estar en él. Si existe la posibilidad y las circunstancias de la familia lo permiten, no estaría de más contar con una segunda habitación de la casa dedicada al ocio. Una habitación a la que pueda traer a sus amistades y en la que se puedan encontrar posibilidades diversas de ocio (consolas de videojuegos, libros, juegos de mesa, disfraces, manualidades, malabares, etc.). Disponer de este espacio —y mostrar que es respetado por las personas adultas de la familia— hará más fácil que quiera estar en él y traer a sus amistades, lo cual va a resultarnos muy útil para conocer con quién se relaciona y para acompañar lo que va pasando con sus relaciones. Es importante que puedan estar en su cuarto con sus amistades y con sus parejas. Si no disponen de un lugar de seguridad donde puedan transitar su intimidad y explorar, buscarán lugares menos recomendables para hacerlo y en los cuales no vas a poder acompañar los acontecimientos si se producen.

Los espacios de estudio y las consolas deberían estar fuera del dormitorio para facilitar la supervisión de algunas de las conductas arriesgadas de la etapa. De esto hablaremos más adelante, pero es importante que mantengamos un espacio de estudio lo más diáfano posible y en un lugar al que podamos acceder para supervisar sus hábitos de estudio y detectar los posibles factores de dispersión.

Asimismo, es muy importante que, para proteger el sueño y supervisar los tiempos de uso de los videojuegos, podamos situar las consolas fuera del dormitorio. En los espacios comunes vamos a poder observarlas, detectar los indicadores de riesgo y acompañar lo que va sucediendo.

Estos espacios van a permitir seguir trabajando en la comunicación y la relación con el resto de las personas con las que se convive.

Es muy importante que pasen algún tiempo en los espacios comunes y, para ello, es esencial que cuando estén en ellos evitemos juzgar sus preferencias, criticar su forma de ser o a sus amistades, exigirles que hagan cosas o comentar que pasan mucho tiempo en su cuarto. El objetivo es que estén cómodas para que podamos identificar lo que les sucede y para que podamos seguir cuidando nuestra comunicación. Sin comunicación no hay confianza y sin confianza no podremos estar enteradas de lo que les pasa y de lo que les preocupa.

Para que quieran usar los espacios comunes es importante que haya en ellos cosas que les generen curiosidad, que estimulen su creatividad y su participación. Por ese motivo, vamos a ocuparnos de que en los espacios comunes encuentren cosas que puedan generarles interés. No sabemos de entrada qué es lo que va a llamarles la atención, así que sugiero que se dejen en el espacio libros y revistas de diferentes temáticas (sexualidad, drogas, acoso escolar, literatura fantástica, etc.), juegos de mesa, malabares, disfraces, instrumentos musicales, material para hacer manualidades, las consolas, los ordenadores... y todo lo que se te ocurra. En cualquier momento pueden hojear una revista, practicar con esos malabares, probar un juego de mesa o experimentar con pinturas, buscarse un tutorial para aprender a tocar una canción...

Es muy importante que no les digas que has preparado eso para ellas o que estás aprendiendo a acompañarlas y ese tipo de cosas; sencillamente, hazlo. Los espacios comunes pueden abrirles ventanas para la exploración de sus intereses que más tarde pueden favorecer su orientación formativa o laboral. Uno de los objetivos que tenemos como adultas cuando acompañamos la adolescencia es poner a su alrededor oportunidades para explorar y descubrir, y los espacios comunes presentan un gran potencial para ello.

Uno de los elementos que no deben faltar en los espacios comunes es un tablón de anuncios o pizarra grande. En el tablón de anuncios vamos a encontrar el apoyo necesario para ayudarlas con las funciones que a su cerebro le cuesta realizar aún porque están en desarrollo. Nos va a servir para dar apoyo a su córtex prefrontal, que ya sabemos que está en un momento muy complejo, y nos va a ayudar a reforzar su memoria, a mantener los acuerdos, a mantener su atención, a anticipar los eventos... También nos va a servir para provocar su inspiración. En este tablón puedes colgar los contratos educativos y acuerdos a los que lleguéis, las citas con el centro de salud, las fechas de las comidas familiares o eventos familiares importantes, teléfonos y webs de servicios que puedan serles de utilidad (espacios jóvenes, profesionales que puedan ayudarlas con su sexualidad, asociaciones de temas específicos, el teléfono de prevención del suicidio, etc.), citas de personajes célebres que puedan despertar su interés o estimular una conversación contigo o con sus amistades, imágenes relacionadas con sus sueños o sus objetivos... El tablón se va a convertir en un aliado muy importante para hacer constar información importante, mantener la motivación y estimular su curiosidad. Recomiendo que lo sitúes en un lugar donde tenga la máxima visibilidad posible y que lo alimentes mucho diariamente.

Los espejos son otro elemento importante en la etapa y deben estar presentes. ¿Cómo? ¿Qué tienen que ver los espejos con esto de preparar la casa para la adolescencia? ¿Son tan importantes que merecen una mención aparte? Pues sí. Los espejos son un elemento imprescindible en la búsqueda de su identidad, en el descubrimiento de su propio cuerpo y la construcción de su autoimagen. Las personas adolescentes suelen mirarse bastante en el espejo; actualmente, incluso se hacen fotos mirándose a través de ellos. Están reconociéndose y aprendiendo a relacionarse con la imagen que proyectan. Es importante que situemos algunos espejos en la casa, además de en su cuarto, para que puedan hacerlo sin ocupar el baño común. De otra forma, pueden pasarse horas en el baño peinándose, admirándose y haciéndose fotos, y eso puede generar muchas discusiones innecesarias. Recuerda que la adolescencia es muy autoconsciente y necesita serlo para desarrollarse adecuadamente. Observa cómo Candela se mira en los espejos, observa qué hace cuando se mira, cómo se mira, qué hace después de mirarse, cuándo suele mirarse... Ya sabes, observar su conducta es imprescindible para detectar los indicadores de riesgo.

LA RELACIÓN QUE
NECESITAMOS CONSTRUIR

Para que una persona adolescente nos identifique como referentes, como una fuente de información útil para ella, como una persona que la entiende, en quien puede confiar y con la que puede contar en los momentos importantes, la complicidad es imprescindible. Para conseguir esta complicidad tendremos que seguir una serie de pautas con consciencia, constancia y paciencia.

La primera de ellas es no juzgar sus preferencias. A pesar de que no compartamos sus gustos musicales, sus elecciones de estilo o sus amistades, es vital que no las juzguemos. Si, en lugar de juzgarlas nos interesamos por ellas y les permitimos que nos las muestren, tendremos la oportunidad de conocerlas mejor, de acercarnos a ellas, de detectar las influencias y mensajes que reciben y tendremos la oportunidad de ayudarlas con lo que van experimentando para que su exploración tenga consecuencias lo menos desagradables posible. Respetar sus opciones es esencial para que se sientan bien y nos identifiquen como alguien que las entiende y las quiere como son.

También va a ser esencial conocer todos sus mundos. Analizar los entornos en los que se mueve nos permitirá detectar en cuáles de ellos se siente bien y en cuáles de ellos necesita apoyo. Es importante entender que en esta etapa nuestros mundos se diversifican. Ya no solo nos relacionamos con nuestra familia o con las iguales del centro educativo o de las actividades extraescolares que realizamos. En esta etapa entran en juego personas que conocemos en otros espacios, formamos nuevos grupos, aparece nuestra vida digital, tenemos nuestras primeras relaciones de pareja, empezamos a formarnos una opinión sobre la sociedad en la que vivimos y nos relacionamos también de otra forma con ella... Si Candela siempre habla de su clase extraescolar de inglés, pero nunca habla del equipo de baloncesto en el que juega, puede que algo esté pasando ahí. O si solía hablar del equipo de baloncesto y, de repente, deja de hacerlo, puede que algo esté pasando ahí. O si aparece en sus conversaciones una persona nueva que hasta el momento no había mencionado, puede que algo esté pasando ahí. O si muestra admiración por una profesora en la que se proyecta, puede que algo esté pasando ahí.

Lo más remarcable de lo que pasa en cualquiera de los mundos de una persona adolescente es que afecta a todo lo demás. Lo que pasa en uno de sus mundos tiene repercusión en los demás. Si le ha ido mal en el centro educativo, puede que llegue a casa de mal humor; si ha pasado algo en casa con la familia, puede que eso afecte a su concentración durante las clases; si le pasa algo con sus iguales, puede que abandone alguna de sus actividades... Si conocemos los espacios en los que se mueve y estamos atentas a su actividad en ellos, podremos detectar los cambios y circunstancias que puedan afectarles y ayudarlas a resolver los conflictos que surjan en cada uno de ellos.

Otra de las pautas que nos van a permitir una comunicación fluida y cómplice es el refuerzo positivo. Reforzar en positivo concentrándonos en el esfuerzo y en la capacidad para mejorar lo que debemos mejorar es clave. Si, cuando Candela suspende tres asignaturas, en lugar de pegarle una bronca porque ha suspendido, remarcamos el esfuerzo que le ha costado aprobar las otras ocho, la ayudamos. Si nos centramos en lo que podemos mejorar juntas para superar esas tres asignaturas, la ayudamos. Si la estimulamos para que analice dónde está la dificultad y qué necesita para aprobar, la ayudamos. Si le ponemos las ayudas que necesita para que apruebe, la ayudamos. Si, en lugar de ello, nos enfocamos en poner en duda su dedicación, le recordamos que su «única obligación» es estudiar, la castigamos sin salir y nos mostramos enfadadas o decepcionadas con ella durante algunos días, puede que Candela no reciba la ayuda que necesita, acumule una frustración que no pueda sostener y los resultados no mejoren e incluso empeoren.

Así que reforzar en positivo los esfuerzos y ayudarla a definir las estrategias para mejorar va a ser esencial si queremos convertirnos en personas referentes para ella. Así como también va a serlo crear a su alrededor espacios de confianza en los que se sienta respetada y valorada. Si siempre que sale de su cuarto le recordamos que no sale nunca, si le repetimos constantemente que nos tiene abandonadas porque ya no quiere hacer nada con nosotras, si criticamos las cosas que le gustan, si no la dejamos expresar su creatividad en los diferentes espacios de la casa, si solo le recordamos sus obligaciones y vamos añadiendo exigencias a su agenda, va a ser difícil que se sienta cómoda junto a nosotras, que quiera pasar tiempo a nuestro lado y, mucho menos, que quiera explicarnos sus cosas.

De la misma forma, si queremos que vea en nosotras alguien que está para ella cuando lo necesita, es importante que estemos disponibles si quiere hablar. La adolescencia es inmediata y si Candela necesita resolver algo en este mismo momento y cuando acude a ti le dices que lo hablaréis en otro momento, puede que pierdas la oportunidad de hacerlo. Muchas veces las personas adolescentes buscan nuestra escucha a altas horas de la noche porque su ciclo de sueño es distinto al nuestro (se activa dos horas más tarde) y, si les decimos que no queremos hablar porque tenemos sueño, puede que perdamos una oportunidad fantástica para conocerlas mejor, atender sus dudas, escuchar sus reflexiones, descubrir sus intereses y cuidar la relación. Es importante mostrar interés en lo que Candela te viene a contar y aparcar lo que estés haciendo en ese momento, si no es muy urgente, para atenderla. Si es muy urgente, dale un tiempo determinado en el que vas a poder estar con ella, dile que te deje cinco minutos y ve a buscarla entonces para que te cuente. Si una adolescente no recibe atención inmediata a sus ideas, dudas o preocupaciones, puede que use métodos poco fiables para resolverlas, como Internet o sus amistades, que quizá tampoco hayan verificado la información que dan.

Otra de las pautas que ayudan a construir la relación de complicidad es compartir experiencias propias. Si Candela ha experimentado la ruptura de una relación, no está de más que le cuentes una de tus rupturas. Si ha suspendido, no está de más que le cuentes algo sobre aquella vez que tú suspendiste. Deben identificarnos como personas que entienden lo que están pasando para que nos quieran contar más sobre ello. Es importante que lo que le cuentes tenga que ver con lo que a ella le está pasando en ese momento. Si sienten que las escuchamos y que podemos entender lo que les pasa, tenemos mucho camino ganado para convertirnos en referentes. ¿Sabes cómo escuchar a Candela para que sienta que la entiendes?

EL ARTE DE ESCUCHAR A UNA PERSONA ADOLESCENTE

En el proceso de convertirnos en personas referentes para las adolescentes que nos rodean, va a ser muy importante entrenarnos en el arte de escuchar. Muchas veces creemos que sabemos, pero no. Para escuchar a una persona adolescente hay que tener en cuenta las características de la etapa, todo lo que le está pasando en este momento, tener claro su orden de prioridades y estar precavida ante las distintas reacciones que puede tener en función del tema que vamos a tratar. Recuerda: «No es personal, es cerebral». Vamos a concentrarnos en estar al cien por cien allí con ella para que perciba un interés genuino en lo que nos está contando.

Para transmitirle que nos importa lo que nos está explicando es importante mirarla a los ojos, hacer preguntas para que desarrolle alguno de los aspectos que relata, hacer alguna exclamación de vez en cuando (del tipo: «¡Ah!», «¡Vaya!», «¡Qué interesante!», «¿En serio?», etc.), recapitular y resumirle lo que nos acaba de explicar para asegurarnos de que lo hemos entendido bien. Podemos asentir y sonreír de vez en cuando. Si sonreímos de forma natural y nos mostramos calmadas, se suelen relajar y explicar más cómodamente lo que les preocupa. Nos ayuda el contacto prudente, el poner una mano en el hombro, en el brazo y aplicar un poco de presión, si nos lo permite. Siempre atentas a no forzar estas interacciones o intentar hacerlo todo a la vez, vamos paso a paso y tenemos que practicar mucho para aprender a escucharla desde este lugar auténtico de atención, respeto y complicidad.

Es esencial que hablemos con ella estando en el mismo espacio, nada de hablarle desde la cocina o desde el pasillo a gritos. Es importante que nos desplacemos hasta donde está y que nos pongamos a su mismo nivel, evitando desniveles que nos sitúen en un lugar de superioridad. Si nos sentamos las dos, mejor. Si evitamos que mesas y objetos varios se interpongan entre nosotras, mejor.

Vamos a mantener la calma, escuchemos lo que escuchemos, a evitar los juicios y a tomar una respiración profunda antes de intervenir, recordando que cualquier cosa que les digamos tiene el potencial de encender una mecha emocional que después puede ser difícil de apagar. Las emociones intensas pueden desconectarnos de nuestra capacidad de tomar decisiones racionales, tenlo siempre presente. Los temas más complicados suelen ser los estudios, las tareas de casa, sus amistades y sus preferencias personales. Ojo cuando toques estos temas. Es importante escuchar el conjunto de lo que nos está comunicando.

Una parte muy importante de lo que nos comunica no está en sus palabras, sino en lo que hace mientras habla. En su tono de voz, en la velocidad con la que emite sus palabras, en sus gestos, en su respiración… Es importante observar bien cómo se mueve, cómo respira. Si sube el volumen, se altera su respiración o empieza a moverse más rápido y/o de forma errática, hay que iniciar el camino de vuelta a la calma antes de que entre en un estado de agitación que pueda tener consecuencias desagradables. No solo escuchamos las palabras de Candela, la escuchamos a ella, con todo lo que ella nos muestra en cada momento. Las personas adolescentes no solo se comunican con palabras.

Todo lo que hacen nos cuenta su historia, así que observa atentamente. Pon atención a su forma de hacer las cosas, a los cambios en su conducta y a los cambios en su estado emocional durante vuestras conversaciones.

Escuchar a una adolescente tiene el objetivo de proporcionarle seguridad, permitir que se exprese, conocer sus procesos y detectar su malestar emocional. Escuchar a una persona adolescente no tiene que ver con tener razón, con dar los mejores consejos o con conseguir que obedezca. Tiene que ver con darle el espacio que necesita, el lugar que necesita, desde el que proyectarse al mundo para crecer. La escucha en esta etapa lo es todo y no puede haber escucha sin humildad, observación, consciencia y paciencia.

EXPRESARNOS ANTE UNA PERSONA ADOLESCENTE

Para expresarnos ante una persona adolescente sin que desconecte al minuto uno es importante que lo que hablemos tenga algún tipo de interés para ella, que sienta que tiene cierto protagonismo en la situación, que puede aportar y que se va a tener en cuenta su opinión.

Tenemos que contemplar de cerca el fantasma del «no» ante muchas de las propuestas que les hagamos sin desesperarnos y despojar nuestros mensajes de información superflua, haciendo que sean cortos y concretos. En lugar de decirle a Candela: «Estoy cansada de que cada domingo que tenemos que ir a casa de la abuela a comer, me salgas con la misma historia de que no te apetece o de que te da palo o de que tienes otros planes. No puede ser que quieras salirte siempre con la tuya, te vienes a casa de la abuela y punto», podemos decirle, por ejemplo: «Es importante para la abuela pasar tiempo contigo, por eso vamos una vez a la semana» y acordar, como veremos después, la duración de la estancia en casa de la abuela y un plan alternativo para después que tenga que ver con sus intereses.

Tendremos que entrenar también nuestra capacidad para expresarnos de forma asertiva. La asertividad nos permitirá mantenernos firmes, mejorar la convivencia y proporcionarles estructuras del lenguaje que podrán usar para establecer los límites en sus relaciones durante el resto de su vida. Expresarnos de forma asertiva va a ser muy importante cuando pongamos límites, por ejemplo, sin tener que gritar o demostrar constantemente que tenemos el poder de prohibirles cosas que para ellas son muy importantes.

Habitualmente lo que más complicado resulta es hablar de temas delicados o de temas que incluyen un ajuste necesario en su conducta. Lo más importante cuando necesitamos expresarnos es recordar que nosotras somos las personas adultas y que lo que vamos a decirles tiene la intención de mejorar su autonomía, su capacidad para relacionarse con las demás personas de su entorno y la convivencia en casa. No vamos a comunicarnos con ellas para reprocharles cosas, para justificarnos, para cargar sobre sus hombros nuestras sombras o para responsabilizarlas de cosas que no forman parte de las tareas evolutivas de la etapa.

EMPEZAR Y MANTENER
UNA CONVERSACIÓN

Si queremos empezar y mantener el diálogo con las personas adolescentes que nos rodean, es muy importante entrenarnos en el arte de tirar del hilo. Hacer preguntas y estimular su discurso va a ser más útil que concentrarnos en darles nosotras uno. Dedicarles largas charlas o aconsejarles constantemente no va a hacer que aprendan o que se abran a nosotras. Sin embargo, facilitar que se expliquen y centrarnos en el tema que ahora es importante para ellas va a ser clave para que aprendan y para mantener conversaciones más allá de los monosílabos. Más allá del «Sí», del «Bien» o del «Me da igual».

Cuando les hacemos preguntas, activamos el mecanismo de la reflexión. Las preguntas que les hacemos tienen el objetivo de que ellas mismas lleguen a sus propias conclusiones mediante la reflexión. Cuando les hacemos pensar, unen los puntos, echan mano de su creatividad y nos sorprenden, muchas veces, con profundas cavilaciones.

El objetivo de la reflexión es poner atención sobre las experiencias que van viviendo para que puedan darles un significado. Ese proceso que va de la pregunta hasta la construcción del significado que tiene para nosotras lo que vivimos es lo que nos permite aprender.

Aprendemos cuando volvemos sobre nuestros pasos, miramos, pensamos en lo que pasó, de qué manera pasó, cómo actuamos y qué podríamos hacer diferente la próxima vez para que todo tuviese un desenlace distinto.

No queremos que aprendan de nuestros aprendizajes, que son los que son por factores diversos, queremos que extraigan sus propios aprendizajes de las diversas experiencias que van teniendo.

Nuestros aprendizajes, que muchas veces convertimos en consejos y compartimos con ellas para evitarles «pasar por ahí», lejos de ayudarles, muchas veces las confunden y nos alejan de ellas. Aprender es un proceso lento que necesita intención y estimulación. Las acompañamos para que aprendan, no para que obedezcan y hagan las cosas como nosotras queremos.

En las conversaciones con personas adolescentes es importante intercalar las preguntas con las recapitulaciones. Las preguntas pueden ser abiertas, cerradas o reflexivas. Las que más nos interesan son las abiertas y las reflexivas, aunque las cerradas nos vendrán bien en momentos en los que estén muy secuestradas por las emociones, en los que hayan consumido alguna sustancia o en los que haya pasado algo importante recientemente.

Las preguntas abiertas son preguntas en las que la respuesta puede dar pie a empezar por cualquier lugar en la historia y a contar lo que le surja (ej.: «¿Qué opinas de las relaciones a distancia?»). Las preguntas cerradas son aquellas cuyas respuestas son limitadas (ej.: «¿Ha ido tu amiga a la fiesta?»). Las preguntas reflexivas son aquellas que implican un proceso de transformación, que tienen una intención de desarrollo para llegar a una conclusión (ej.: «¿Qué crees que debe cambiar en el instituto para que no dé tanto palo ir a clase?»).

Cuando ya hemos iniciado el diálogo, podemos usar la recapitulación para seguir manteniendo la conversación. La recapitulación es una especie de resumen que hacemos sobre lo que nos ha contado y que no implica juicio. Tiene el objetivo de verificar si hemos entendido bien lo que ha explicado y de hacer que se sienta comprendida. Esta recapitulación puede acabar con una pregunta que haga que continúe la conversación (ej.: «Así que la profe ha llegado tarde, ha echado de clase a tu amiga por decírselo gritando y luego os ha puesto un examen sorpresa. ¿De qué otra forma crees que podría haber actuado la profe? ¿Y tu amiga?»). Aunque antes de tener la ocasión de hacer preguntas y recapitular, hay que conseguir comenzar una conversación.

Además de trabajar en nuestra comunicación con las pautas que ya conoces, el primer paso en el proceso de empezar una conversación es pensar para qué queremos iniciar esa conversación. En la adolescencia no podemos empezar con ellas todas las conversaciones que queremos en cualquier momento o de cualquier forma. Las características de la etapa nos lo ponen difícil y las tareas evolutivas no juegan a nuestro favor.

Hay tres formas de empezar una conversación con una adolescente.

La primera es la que las trae a nosotras por voluntad propia. Cuando nos vienen a contar alguna cosa hay que exprimir al máximo ese momento y, mediante esas preguntas y recapitulaciones, favorecer que la conversación se alargue lo máximo posible. Ahí tenemos una gran oportunidad para acercarnos a ellas y reforzar nuestra relación. En esta primera opción se trata de escuchar sin querer aleccionar y de practicar el arte de tirar del hilo.

La segunda forma de empezar una conversación es aprovechar algo que sucede en la vida cotidiana de forma espontánea. Aquí empezamos explicando nosotras algo.

Puede ser algo que nos ha pasado o que le ha pasado a alguien, puede ser una historia, puede ser un plan que tengamos, un proyecto… Las personas adolescentes suelen animarse a intervenir cuando les contamos cosas que nos han pasado o nos están pasando a nosotras. También puede iniciarse la conversación de forma espontánea mientras se ve una película o una serie y hay algo que les sucede a los personajes. Ahí tenemos una gran oportunidad para tratar temas de interés en la etapa o temas sobre los que nos gustaría generar reflexión.

La tercera forma de empezar una conversación es forzarla porque necesitamos hablar sobre un tema en concreto. Esta es la parte más complicada porque suelen ser, habitualmente, temas que generan situaciones incómodas o emociones intensas y desagradables. Es importante que tengas claro el tema del que quieres hablar, que intentes centrar el tema para no iros por las ramas y que te plantees un objetivo que quieras conseguir (ej.: «Voy a tratar el tema de las salidas familiares y quiero conseguir que, al menos, quedemos una vez al mes para hacer algo con toda la familia»). La adolescencia tiene sus propios ritmos y es importante que antes de empezar una conversación de este tipo tengamos en cuenta el estado de ánimo y la actividad posterior a la conversación. Es mejor iniciar este tipo de conversaciones en días en los que esté de buen humor y en los que no tiene que salir. Si añadimos a la escena de la conversación algo para picar o para beber que sea de su agrado, las ayudamos a sentirse bien de entrada. Es importante tener este tipo de conversaciones fuera de su dormitorio, mucho mejor usar uno de los espacios comunes. Un espacio neutral os lo pondrá más fácil, y es importante que estéis a solas para mantener la conversación, sin otras personas de la familia que puedan hacer de espectadoras. En este caso es importante ir al grano. Empezar con: «Me gustaría que hablásemos sobre las actividades que hacemos juntas». Utilizar el plural inclusivo le hará sentirse parte. Concretar la ayudará a ubicarse y le dará seguridad. Si es un tema delicado, puede que se muestre incómoda o reaccione inmediatamente, hay que seguir adelante. A continuación, tienes algunas sugerencias para que puedas usarlas en tu día a día cuando mantengas conversaciones con ellas, tengas que abordar temas delicados o mantenerte firme para establecer los límites.

PRACTICAR LA ASERTIVIDAD

Una de las tareas más difíciles cuando acompañamos la adolescencia es evitar que las emociones nos impidan actuar de forma respetuosa y resolutiva. Para mantener una comunicación calmada ante situaciones que tienen todo el potencial para sacarnos de nuestras casillas debemos practicar la asertividad.

La asertividad no es más que una forma de comunicarnos que nos permite mantener el respeto hacia nosotras mismas y hacia las personas con las que nos comunicamos. Es una forma de manifestar lo que necesitamos o lo que creemos que debe cambiar, una manera de verbalizar lo que más nos cuesta verbalizar y de establecer límites en nuestras relaciones. Estas expresiones te ayudarán a desarrollar tu asertividad y a mantenerte firme cuando establezcas los límites o tengas que mantener los acuerdos a los que habéis llegado.

En primer lugar, hay cuatro sencillos pasos que nos ahorrarán perdernos en discusiones eternas y desagradables, sobre todo cuando tengamos que ayudarlas a ajustar conductas que no son adecuadas. Estos cuatro pasos nos permiten ordenar lo que queremos decir y suponen una estructura comunicativa muy útil. Es importante seguirlos en este orden. También lo es que los usemos cuando estén calmadas, después de un episodio emocionalmente intenso (recuerda lo importante que es que hayan vuelto a la calma antes de hablarles). Lleve el tiempo que lleve que recuperen la calma, debemos hablar con ellas siempre cuando estén tranquilas.

En primer lugar, verbalizaremos los hechos tal y como han sucedido. En segundo lugar, compartiremos cómo nos hemos sentido cuando han sucedido los hechos. En tercer lugar, expresaremos lo que necesitamos. Finalmente, comunicaremos lo que les pedimos o queremos que pase.

Pongamos un ejemplo. Imaginemos que hemos discutido con Candela, que se ha ido poniendo cada vez más nerviosa durante la discusión y que, al final, nos ha faltado al respeto y se ha ido dando un portazo y dejándonos con la palabra en la boca. Una vez se ha calmado, empezaremos verbalizando los hechos: «Antes hemos discutido, nos hemos puesto nerviosas, me has insultado y te has ido a tu cuarto dando un portazo». Después, compartiremos cómo nos hemos sentido: «Cuando me has insultado y te has ido dando un portazo me he sentido muy triste, abandonada e impotente». Continuaremos expresando lo que necesitamos: «Necesito que, a pesar de que no tengamos una misma opinión sobre algo, podamos discutir sin gritar y sin ponernos tan nerviosas». Finalmente, le haremos la petición: «Te pido que la próxima vez que discutamos no me insultes ni te vayas dando un portazo para que podamos acabar la conversación lo mejor posible». Todo junto quedaría así: «Antes hemos discutido, nos hemos puesto nerviosas, me has insultado y te has ido a tu cuarto dando un portazo. Cuando me has insultado y te has ido dando un portazo me he sentido muy triste, abandonada e impotente. Necesito que, a pesar de que no tengamos una misma opinión sobre algo, podamos discutir sin gritar y sin ponernos tan nerviosas. Te pido que la próxima vez que discutamos no me insultes ni te vayas dando un portazo para que podamos acabar la conversación lo mejor posible».

Además de esta sencilla estructura de cuatro pasos que se puede usar en situaciones muy diversas durante la etapa, hay otras formas de expresarte que te ayudarán a desarrollar un estilo comunicativo más asertivo. A continuación tienes algunas propuestas para que puedas empezar a usarlas en tu día a día. Lo ideal es combinarlas todas cuando hayamos podido experimentar con cada una de ellas y las tengamos presentes, pero empezaremos por conocerlas una a una y practicarlas por separado.

REPITE LO MISMO DE DISTINTAS FORMAS

Esta técnica que se conoce como «el disco rayado» es muy útil para mantenerse firme en el cumplimiento de los acuerdos. Si Candela se ha comprometido a bajar la basura a las ocho de la noche, pero hoy se niega a hacerlo, tenemos varias opciones y una de ellas es repetirle el acuerdo de distintas formas. Aquí tienes algunos ejemplos: «Ya sé que estás muy liada y que no te apetece, pero como decidiste que bajarías la basura a esta hora, vengo a recordártelo por si se te había pasado». Candela posiblemente replicará intentando evitar el cumplimiento del acuerdo, a lo que tú vuelves a la carga: «Entiendo que no sea el mejor momento para ti, veo que estás haciendo algo importante, pero dentro de poco cenaremos y será más complicado que puedas bajarla». Ella vuelve a probar escaquearse del acuerdo, y tú repetirías el mismo mensaje de otra forma, por ejemplo, así: «Claro que me hago cargo de que ahora estás con tus cosas y que es importante para ti, pero acordamos eso y, como solo te llevará unos minutos, en breve podrás seguir haciendo lo que estás haciendo». La idea es mantenernos aferradas al acuerdo como si no hubiese un mañana y repetir de diversas formas la misma idea.

En el proceso de mantenerte firme puede enfadarse, o no querer cumplir el acuerdo, pero lo importante es no ceder o renegociar el acuerdo con compromiso de hacer lo acordado en otro momento.

HAZ REFERENCIA A MOMENTOS EN LOS QUE NO HAYA SIDO ASÍ

Cuando Candela diga eso de: «Es que no me dejas hacer nunca nada», por ejemplo, puedes recordarle momentos pasados en los que se haga evidente que no tuvo dificultad para hacer algo que quería hacer. Piensa en momentos del pasado en los que pidió algo que no estaba previsto y en los que cediste a sus demandas. Por ejemplo: «Dices que no te dejo hacer nunca nada y me estoy acordando del sábado pasado que pediste quedarte más tiempo con tus amigas y pudiste hacerlo, ¿recuerdas?». «También pienso en el martes, cuando después de hacer los deberes comentaste que querías salir con tus amigas, pero no era lo que habíamos acordado y, a pesar de ello, como habías acabado las tareas, pudiste salir». «Me viene a la mente el verano pasado, ¿te acuerdas de cuando pediste quedarte en casa de tus amigas a dormir, la noche del concierto, y pudiste hacerlo?». Se trata de darle a Candela perspectiva sobre esa afirmación tan categórica. Esto puede aparecer en muchas ocasiones durante toda la etapa. En lugar de enfadarte por la expresión que ella usa para conseguir lo que tiene necesidad de hacer, recuerda que no tiene más herramientas en este momento y no sabe cómo conseguirlo de otra forma.

Aprovecha el momento para mantenerte firme referenciando momentos pasados para contrastar su afirmación y proporcionarle una forma más de usar el lenguaje para relacionarse con las personas de su vida.

UTILIZA UNA PREGUNTA INCLUSIVA: «CÓMO NOS CUESTA ESTO SIEMPRE, ¿VERDAD?»

Para ayudarlas a anticipar, que es una de las últimas funciones que desarrollamos en esta etapa, cuando veas venir la discusión o el momento de desacuerdo, utiliza una pregunta que os involucre a ambas. Presta atención a cómo se están desarrollando los hechos y, cuando detectes que estáis iniciando el camino que os suele llevar a un lugar sin retorno, utiliza expresiones como por ejemplo: «Cómo nos cuesta esto siempre, ¿verdad?», «Qué difícil nos resulta siempre hablar de esto, ¿verdad?», «Creo que siempre que tocamos este tema nos cuesta ponernos de acuerdo, ¿qué opinas?», «Qué incómodas estamos siempre cuando hablamos de esto, ¿no te parece?». Se trata de implicarlas para frenar la escalada del conflicto, recuperar la calma y resolver juntas la situación.

DA LA RAZÓN, PERO NO DEL TODO

Cuando Candela quiera hacer algo que implique saltarse un acuerdo o romper un compromiso, puedes utilizar esta fórmula que la sitúa en el centro. Recuerda que la adolescencia es tremendamente autoconsciente y necesita sentirse protagonista, expresarse y ser tenida en cuenta. Si te dice, por ejemplo: «Eres una pesada», cosa que suele ser habitual en la etapa, puedes usar esta estructura: «Tienes razón, repito las cosas muchas veces, aunque suelo hacerlo porque habíamos llegado a un acuerdo y me ha parecido que no iba a cumplirse, ¿tú qué crees?». O, si Candela dice, refiriéndose a su hermana pequeña, por ejemplo: «Es que siempre está agobiándome para que juegue con ella», tú puedes decir: «Tienes razón, Alba suele buscarte para jugar contigo y puede llegar a insistir mucho, lo hace porque te quiere y necesita la atención de su hermana mayor, recuerda que tiene solo ocho años, ¿crees que podrías tratarla de otra forma cuando viene a buscarte?». La idea de esta estructura es validar lo que Candela está sintiendo en ese momento e introducir la información que necesitamos y que la ayude a aprender a hacerlo diferente la próxima vez.

DÉJALO PARA OTRO MOMENTO

Si Candela está muy secuestrada por las emociones y anticipas que la situación puede acabar en una discusión que no permita un diálogo tranquilo, por ejemplo, puedes usar esta estructura. Invita a Candela a retomar la conversación más tarde y asegúrate de dejar claro el tiempo exacto en el que la vais a retomar. Puedes proponerle, por ejemplo, volver en media hora, retomar la conversación antes o después de cenar o acordar juntas el momento para hacerlo. También te puede servir esta expresión para renegociar un acuerdo que no se haya cumplido o que se prevé que no se pueda cumplir. Por ejemplo, si Candela suele sacar al perro antes de cenar todos los días, pero ese día va a llegar justa para cenar porque ha tenido una actividad extra o viene de estar con las amigas y se ha retrasado, se puede acordar que lo haga en otro momento. Ahí puede ser útil preguntarle a Candela cuándo va a realizar la tarea a la que se había comprometido y dejar claro para qué es muy importante que realice esa tarea.

HOY NO, QUIZÁ EN OTRO MOMENTO

Si Candela pide algo que no puede ser en este momento, puedes utilizar esta fórmula. Por ejemplo, si insiste en quedar con su amiga un domingo justo después de una comida familiar importante que se prevé que va a alargarse, puedes decir: «Sé que es importante para ti ir justo después de comer, pero es el cumpleaños de la tía y creo que será complicado llevarte justo después de comer. ¿Te parece bien si te llevo a las seis en lugar de a las cuatro, como pedías?». Es importante dejar siempre claro que entendemos su necesidad y que vamos a hacer lo posible por llegar a un acuerdo en lugar de imponer nuestra perspectiva adulta por encima de todo. De la comunicación asertiva es importante destacar la flexibilidad que da la comprensión de la etapa. Hay que valorar cada caso y cada situación de forma particular a fin de no convertir estas estructuras en armas para mantener el poder en lugar de en herramientas para comunicarnos y mantenernos firmes ante los acuerdos.

CENTRA EL TEMA, NO MEZCLES COSAS

Cuando hablamos con una persona adolescente es importante no andarnos por las ramas y no mezclar temas. En cualquier conversación con Candela o en medio de cualquier discusión, centrar el tema que es objeto de esa conversación o de esa discusión es esencial para facilitar la comunicación. Si nos mantenemos en el tema que tratamos, facilitamos el diálogo y la resolución del conflicto. Si en la conversación estamos hablando con Candela sobre las notas, no saquemos a relucir su necesidad de «salirse siempre con la suya», las peleas que tiene con su hermana, lo que cuesta que ordene su cuarto o que siempre está pensando en salir con sus amigas. Si estamos hablando de las notas, vamos a hablar de las notas y de todo lo relacionado con las notas centrándonos, siempre, en la solución, en lo que ella puede hacer y en lo que podemos hacer juntas para resolver la situación que tenemos delante.

PIDE QUE DESARROLLE LO QUE DICE

Cuando Candela dice algo como: «¡Es que no me entiendes!» o «¡Me odias!», puede ayudarnos usar esta estructura. Se trata de pedirle que desarrolle todas esas situaciones en las que se siente incomprendida o en las que siente que la odiamos. Puedes decirle algo como: «Para evitar que te sientas así, me gustaría que me dijeses cuáles de las cosas que hago te hacen sentir que no te entiendo, ¿podrías describirme algunas?» o «Para dejar de hacer las cosas que hacen que sientas que te odio, me gustaría que me dijeses qué es lo que hago que te hace pensar eso». Esta es otra estructura estupenda para ayudarla a tomar perspectiva y para mejorar las cosas que hacemos y que, sin darnos cuenta, le están causando algún tipo de malestar.

CUANDO NOS ENFADAMOS NOS CUESTA MUCHO ENTENDERNOS

Esta estructura es similar a la que nos invita a dejarlo para otro momento. Puede ayudarnos cuando necesitamos separarnos para que la discusión no acabe teniendo consecuencias que puedan dificultar el acompañamiento o que hagan el conflicto más grande. Nos puede ayudar a parar a tiempo y a buscar un espacio propio para recuperar la calma antes de retomar la conversación para resolver la situación. También nos ayuda a introducir el elemento de la reflexión sobre lo que está pasando o suele pasar en una conversación o en una discusión. Si vemos que la situación se nos puede ir de las manos, decirle a Candela que cuando estamos muy enfadadas nos resulta más difícil entendernos, preguntarle si está de acuerdo y pedirle un tiempo de descanso antes de abordar de nuevo el tema puede marcar la diferencia. Lo más difícil en una discusión o en una conversación que se estanca es encontrar el momento de parar. A veces no paramos a tiempo porque tenemos la necesidad de resolverlo cuanto antes, pero las prisas no nos ayudan si no estamos calmadas y pueden hacerlo todo más complicado.

RECUÉRDALE LO QUE SUELE PASAR

Para aquellas situaciones recurrentes, para aquellas discusiones o conversaciones que suelen seguir los mismos patrones, puedes utilizar la anticipación. Recordarle que siempre que pasa algo determinado los acontecimientos se desarrollan de manera similar puede ayudarla a cambiar de estrategia y a prevenir conflictos. Por ejemplo, si siempre que hay que poner la mesa, a Candela le cuesta horrores ponerla y soléis discutir por ese tema, puedes decirle: «A la hora de poner la mesa siempre nos cuesta arrancar, ¿recuerdas lo que pasó ayer y antes de ayer?». O si Candela suele discutir con su hermana para ponerse de acuerdo cuando hay que escoger una película, por ejemplo, puedes decirles: «Los sábados suele pasar que cuando tenemos que escoger la película nos pasamos un buen rato discutiendo, ¿creéis que hoy podremos ponernos de acuerdo sin discutir?». Esta pauta las ayuda a prevenir situaciones incómodas y discusiones innecesarias. Discutir es algo que en la etapa va a ser inevitable, pero no hay que discutir por todo, como veremos más adelante.

LA IMPORTANCIA
DEL «PARA QUÉ»

A las personas adolescentes siempre hay que explicarles el «para qué» de las decisiones que tomamos o de las propuestas que les hacemos. Para mantener una buena comunicación con ellas y ayudarles en las tareas evolutivas de la etapa no vale hacer valer nuestra palabra de adultas «porque sí», «porque lo digo yo que soy la adulta».

Es importante acompañar nuestras propuestas con el motivo que nos empuja a hablarles de ellas. Es importante que les comuniquemos nuestras decisiones o les hagamos nuestras aportaciones añadiendo información sobre el objetivo de esa decisión, esa propuesta o ese límite que estamos estableciendo. Para qué te digo esto, para qué te propongo esto, para qué te pido esto, para qué hago esto. «Te pido que no vuelvas sola a casa si es de noche para evitar que te encuentres con una situación desagradable y lo pases mal». «Te pido que no vuelvas sola a casa si es muy tarde para evitar preocuparme y pasarlo mal hasta que llegas y compruebo que estás bien». «Te pido que acabes las tareas antes de salir, como acordamos, para que, cuando llegues a clase mañana, no te sientas mal cuando la profe te pida los resultados». «Te pido que estudies suficiente para el examen para que no te sientas mal cuando llegue el día de hacerlo o cuando te den los resultados y sean negativos». «Te pido que estudies para el examen para que a final de curso lo apruebes todo y puedas pasar un verano estupendo». «Te digo que te des prisa para que no llegues tarde a clase y te sientas mal porque todo el mundo está allí o para que la profesora no te llame la atención delante de todo el mundo». «Te propongo que hagas actividad física para que te sientas mejor y conozcas a personas con las que te puedes llevar bien». «Te propongo que vayas a ver a la abuela una vez a la semana para que la abuela no sienta que no te importa y puedas tener recuerdos bonitos de ella cuando no esté».

Explicar para qué les pedimos, decimos o hacemos las cosas nos ayuda a empezar la conversación, facilita el diálogo y permite que iniciemos el proceso para llegar a acuerdos y adquirir compromisos. Si te atreves, también puedes preguntarle a Candela para qué cree que le pides lo que le pides o haces lo que haces. Hacerles pensar es la máxima en esta etapa.

LAS RUTINAS DE COMUNICACIÓN

Si bien es cierto que las personas adolescentes necesitan distanciarse de la familia y empezar el camino de exploración de su propia autonomía, esto no está reñido con mantener una buena relación con la familia y mantener una comunicación que facilite la convivencia. Es muy útil acordar rutinas que protejan vuestra relación, gracias a las cuales podáis compartir momentos de calidad que faciliten vuestra comunicación y os permitan acompañar lo necesario durante la etapa.

Las rutinas de comunicación son acuerdos relacionados con cómo vamos a comunicarnos en el día a día y qué tiempo vamos a compartir más allá de los momentos espontáneos en los que coincidimos cuando convivimos. Es importante establecer cómo vamos a comunicarnos con ellas en el día a día cuando no estamos con ellas. Llegar a acuerdos sobre los mensajes de WhatsApp y las llamadas al móvil puede evitar muchos momentos incómodos y muchas discusiones. Si Candela te deja en visto cuando le envías un mensaje de texto y no te contesta hasta dos horas después, eso puede provocar una discusión. Es importante que acordéis un tiempo mínimo de respuesta para que tú puedas obtener la información que necesitas y ella no tenga que dar explicaciones de por qué no ha contestado a tu mensaje.

Como ejemplo, podéis acordar que te responderá en veinte minutos como máximo y, solo como ejemplo, que si no te responde en ese tiempo la consecuencia es llamarla hasta que responda. Esto solo es un ejemplo, ya que los acuerdos van a depender de cada caso, de la persona adolescente de la que estemos hablando en cada momento y de las necesidades de cada familia, pero es importante que podáis llegar a un acuerdo que os ayude a comunicaros en lo más cotidiano. Podéis acordar que solo llamaréis en casos urgentes, por ejemplo, y que si se utiliza este recurso es imprescindible responder la llamada o devolverla para que se resuelva lo que ha motivado la llamada y que es urgente atender.

Es importante evitar conversaciones por escrito sobre temas que tienen el potencial de provocar discusiones y que evitéis, por encima de todo, discutir por WhatsApp o por cualquier otra aplicación de mensajería. Chatear puede facilitar mantener conversaciones profundas, pero hay que vigilar porque el texto es interpretable, puede llevar a malentendidos y a situaciones emocionalmente intensas difíciles de reconducir por esa vía. Si se observa que la conversación está tomando unos derroteros que no convienen, es importante anticiparse y reorientarla.

En lo que se refiere a los eventos especiales —es decir, cuando Candela sale con su grupo de amistades o está fuera de casa durante algunos días—, también es interesante acordar la forma en la que nos comunicaremos con ellas. Acordar con ellas cuándo hablaremos para saber cómo va todo o cómo nos vamos a comunicar si surge algo importante que atender mientras está fuera puede resultar muy útil. Como sabemos que van a querer hacer pocas cosas con nosotras, es muy práctico acordar un espacio periódico de tiempo que vamos a compartir y en el que vamos a realizar actividades con ellas. Puedes acordar con Candela realizar una actividad juntas dos domingos al mes y que ese sea vuestro espacio. Un espacio en el que seguir trabajando en vuestra relación, que os permita comunicaros a un nivel más profundo y que, además, os puede preparar para la relación que vais a tener cuando sea adulta. Si quedas periódicamente con ella y vais al cine, coméis juntas, vais de compras, hacéis una excursión, un viaje o lo que sea adecuado en función de cada caso, te aseguras pasar un tiempo de calidad con ella alejado del estrés de los momentos cotidianos. Así empiezas a construir la relación que quieres tener con Candela cuando sea adulta, te conviertes en una persona de confianza para ella y le dejas espacio para que socialice con sus iguales el resto del tiempo y pueda realizar las tareas evolutivas de la etapa.

LAS CINCO CES PROHIBIDAS

Hay cinco verbos que tienen el potencial de deteriorar gravemente la comunicación con una persona adolescente.

El primero de ellos es *confinar*. Confinar a una persona adolescente, prohibirle que salga, impacta en la relación que tenemos con ella y, por lo tanto, deteriora enormemente nuestra comunicación. No hace falta recordar lo sucedido durante la pandemia, en la que el verbo *confinar* adquirió su máxima expresión. Si le prohibimos salir, Candela siente que no entendemos su necesidad y que tenemos el poder de retirarle la posibilidad de socializar, que es algo muy importante en esta etapa. Si sus amistades son la prioridad para ella en este momento y nosotras nos interponemos, además de un gran malestar emocional que derive en conductas de riesgo, podemos ocasionar que deje de confiar en nosotras y que sus reacciones ante nuestros intentos de comunicarnos con ella sean más desafiantes. ¿Qué pasa cuando alguien hace uso constantemente de su poder para quitarnos algo que es de extrema importancia para nosotras?

El segundo verbo que nos puede complicar mucho la situación comunicativa es el verbo *confiscar*. Quitarle privilegios sin relación con la causa de la retirada o quitarle objetos que son de importancia para ellas va a dificultarnos inmediatamente el diálogo. Como veremos con detalle cuando hablemos de límites, para efectuar la retirada de un privilegio es importante tener en cuenta algunos factores.

El tercero de los verbos delicados es el verbo *cotillear*. Registrar sus cosas es una opción arriesgada. Si registramos tenemos que estar preparadas para descubrir lo que podamos descubrir y también para sostener lo que nos pase con lo que descubramos y lo que puede suceder a partir de lo que descubramos. Si registramos y no estamos preparadas pueden generarse conflictos que nos hagan pasar muy malos ratos y de los que no se extraigan aprendizajes significativos, pero lo peor de todo es que podemos perder su confianza.

El cuarto verbo que nos puede generar dificultades es el verbo *censurar*. Cuando criticamos, juzgamos, desaprobamos o intentamos impedir que escuchen la música que les gusta, que vayan con ciertas amistades, que se vistan como necesitan en este momento o cualquier otra cosa relacionada con sus intereses y preferencias, nos arriesgamos a estimular la mentira y las lanzamos a que experimenten con todo ello de forma clandestina.

El último verbo que debemos evitar si queremos acompañar de forma prudente, y queremos convertirnos en referentes para las personas adolescentes de nuestra vida, es el verbo *castigar*. Castigando no vamos a conseguir que aprendan o que dejen de hacer ciertas cosas. Si castigamos, conseguimos que dejen de explicarnos cosas, que no nos presenten a sus amistades, que nos mientan sobre lo que han hecho, que culpen a otras personas… Lejos de facilitar que aprendan a responsabilizarse, les advertimos de que deben procurar que no nos enteremos de lo que hacen si saben que es algo que no nos va a gustar. Estas cinco ces, tan usadas en algunos estilos educativos, son particularmente desaconsejables en la adolescencia si queremos acompañarlas para que confíen en nosotras, se conviertan en personas responsables y se desarrollen como demanda la etapa.

RECAPITULANDO

Para conseguir y mantener una buena comunicación con la adolescencia hay que tener en cuenta que…

1. … las personas adolescentes necesitan que nos comuniquemos con ellas de una forma determinada que dista mucho de la forma en la que nos comunicábamos con ellas en la infancia.
2. … hay que preparar la casa para la etapa cuidando su dormitorio, la interacción en los espacios comunes, promoviendo el uso de un tablón de anuncios y usando el poder de los espejos para la exploración de su identidad.
3. … tenemos que construir una relación de complicidad y para ello debemos evitar los juicios, conocer y analizar sus relaciones y los entornos en los que se mueven, reforzar en positivo y en clave de esfuerzo, crear espacios de confianza en los que se sientan seguras, ser accesibles y mostrarnos disponibles ante sus demandas, compartir nuestras propias experiencias y seguir las pautas para escucharlas como necesitan.
4. …para escucharlas como necesitan debemos tener presentes las características de la etapa cada vez que hablemos con ellas, vamos a mostrar un interés genuino en lo que nos cuentan, a mirarlas a los ojos, a hablarles al mismo nivel y compartiendo el mismo espacio, a respirar antes de intervenir, a mantener la calma, a utilizar el contacto de forma prudente, a estar atentas a todo lo que les pasa mientras se expresan y a transmitir en todo momento seguridad y comprensión.

5. ... para expresarnos deberemos desarrollar al máximo nuestra asertividad y usar diferentes estructuras del lenguaje que nos ayudarán a mantenernos firmes, mejorar la convivencia y proporcionarles diferentes estrategias para establecer los límites en sus relaciones.

6. ... para expresarnos sin que desconecten al minuto uno es importante que lo que hablemos tenga algún tipo de interés para ellas, que sientan que tienen cierto protagonismo en la situación, que pueden aportar y que se va a tener en cuenta su opinión.

7. ... lo más importante para empezar y mantener una conversación es concentrarnos en estimular la reflexión mediante preguntas abiertas o reflexivas y usando la recapitulación, para que saquen sus propias conclusiones.

8. ... conocer diversas formas asertivas de transmitir la información, anticipar los conflictos recurrentes, acompañar las discusiones y dialogar es muy importante para ayudarlas a desarrollar habilidades sociales y mejorar la convivencia.

9. ... explicar para qué les pedimos, decimos o hacemos las cosas nos ayuda a empezar la conversación, facilita el diálogo y permite que iniciemos el proceso para llegar a acuerdos y adquirir compromisos.

10. ... acordar cómo vamos a comunicarnos con ellas en el día a día o durante eventos especiales y acordar un tiempo que vamos a compartir con ellas periódicamente facilita la convivencia, favorece su desarrollo en esta etapa y permite seguir trabajando en la relación que queremos tener cuando sean adultas.

11. ... debemos evitar las cinco ces prohibidas durante la adolescencia: confinar, confiscar, cotillear, censurar y castigar porque no nos permiten acompañarlas como necesitan y no nos ayudan a comunicarnos con ellas.

ACOMPAÑAR EL ESTABLECIMIENTO DE LÍMITES

Aunque sea una de las cosas más complicadas para muchas familias, el establecimiento de límites es una de las tareas más importantes cuando acompañamos la adolescencia. Puede parecer que poner límites es algo horrible, incómodo, desagradable y difícil, pero lo cierto es que poner límites es un acto de amor. Los límites nos permiten cuidar de nosotras mismas y cuidar de las personas que nos rodean. Los límites nos dan seguridad para vivir en sociedad y suponen una estructura de confianza y respeto para presentarnos ante las personas con las que nos relacionamos. Los límites facilitan nuestra convivencia y aportan mayor comodidad a nuestras vidas. Te invito a que empieces a mirar los límites como el mayor acto de amor que existe, porque poniendo límites, el mensaje que le envías a Candela es el siguiente: «Aunque pueda dolerte y eso me duela a mí también, te ayudo a encontrar el abismo, a caerte y a levantarte las veces que haga falta para que un día puedas anticiparte a la caída y parar a tiempo tú sola». Poniendo límites Candela aprende hasta dónde puede llegar y hasta dónde deja que el resto de personas lleguen. Los límites son amor.

PARA QUÉ SIRVEN LOS LÍMITES

Los límites son los márgenes por entre los que nos movemos las personas para funcionar en esta sociedad en la que vivimos. En un mundo ideal no harían falta límites porque todo el mundo, de forma natural, respetaría a las demás personas, protegería la seguridad de las demás y velaría por el bien común. Sin embargo, si algo he aprendido en los más de veinte años que llevo trabajando con personas, es que este no es un mundo ideal. Las personas mienten, engañan, atacan, envidian, humillan, agreden, roban, calumnian, juzgan, etc. Y siempre hay algo escondido tras estas conductas que ha sido desatendido. Heridas que no se cuidaron como debería. Personas dañadas que dañan a otras personas. La mayoría de las veces el bienestar individual pasa muy por encima del común, así que sin normas no podríamos convivir. Otra cosa es el tipo de normas que ponemos y cómo las ponemos. Por lo tanto, necesitamos los límites para entender el mundo, para protegernos y proteger a las demás personas. Es un tema de seguridad individual y colectiva, de higiene y salud comunitarias. La falta o exceso de límites puede transformarse en incapacidad para decir que no, en miedo al rechazo, en dar demasiado, en establecer relaciones de dependencia, en ser complacientes o sumisas, en vernos atrapadas en situaciones de maltrato, en dar demasiada importancia a lo que piensan las demás personas, en aislarnos, en no saber compartir, en exigir demasiado a las demás y a nosotras mismas, en maltratar a las demás personas, en imponer nuestra opinión sobre la opinión de las demás… Todo lo anterior se acaba traduciendo en insatisfacción y malestar emocional. Por eso es tan importante que, cueste lo que cueste, podamos entrenarnos en el establecimiento de límites, porque sin ellos, las personas adolescentes que nos rodean pueden llegar a su vida adulta sin haber desarrollado la capacidad de cuidarse y protegerse, de cuidar y proteger.

POR QUÉ NOS CUESTAN TANTO

Si poner límites es algo tan importante, ¿por qué nos cuesta tanto ponerlos?

Hay muchos motivos por los cuales nos puede costar establecer límites saludables. Puede que no lo hagamos porque desconocemos su importancia. Puede que nos aferremos como a un clavo ardiendo a nuestras creencias, sin las cuales podemos sentir que dejamos de ser quienes somos o que nos traicionamos. También podemos tener dificultades para establecer los límites por miedo a ser consideradas malas personas o a que las personas que nos rodean crean que somos bordes. También puede que nos cueste enfrentarnos a los conflictos, que no podamos sostener la incomodidad, lo que sentimos cuando lo hacemos. Puede que temamos que la relación se deteriore, que tengamos miedo a perder a esa persona, a que desaparezca de nuestras vidas. Puede que creamos que nuestro valor está ligado a lo que hacemos por las demás, a mostrarnos generosas y bondadosas, siempre dispuestas a ayudar a quien lo necesita, y que hagamos de ello nuestra seña de identidad. Puede que nos sintamos culpables cuando ponemos límites y nos cueste sostener esa emoción tan intensa.

Si nos sentimos incómodas poniendo límites, si nos sentimos agredidas o tristes, es probable que nos cueste ponerlos por temor a que las otras personas se sientan como nos sentimos nosotras. Quizá, sencillamente, no sepamos por dónde empezar a ponerlos ni cómo hacerlo. Con toda esta casuística, es natural que necesitemos pautas para aprender a poner límites sin dejarnos nuestra salud mental en ello, más si sabemos que es tan importante hacerlo. Te invito a que pienses cuál de esas situaciones es la tuya si te cuesta poner límites o pones demasiados. ¿Reflexionas antes de poner los límites dónde los pones o lo haces de forma automática?

DÓNDE PONEMOS LÍMITES Y PARA QUÉ LOS PONEMOS AHÍ

Cuando establecemos los límites, nuestra trayectoria y nuestras creencias personales juegan un papel muy importante. De ahí que cuando acompañamos en pareja o en equipo sea tan complicado llegar a acuerdos entre adultas. Cada cual tiene sus propias creencias fruto de su propio recorrido.

Antes de avanzar, es importante que pienses cuáles de tus creencias están respondiendo por ti cuando se trata de poner límites. ¿Te cuesta aceptar que llegue tarde? ¿Que se vista de determinada manera? ¿No puedes tolerar que vaya con ciertas personas? ¿Necesitas que sus notas estén por encima del siete? ¿Es vital para ti que ordene su dormitorio? Identificar dónde está el límite para nosotras es tan importante como determinar cuándo estamos ante una oportunidad de trabajar los límites y cuándo no. Esto nos revela si lo que estamos haciendo es ayudarlas a encontrar los límites, aportando nuestro granito de arena a bajar su autoestima o provocando una discusión innecesaria.

Independientemente de donde los tengas tú y de la reflexión que debas hacer sobre eso, has de tener en cuenta que juzgar o dar la opinión sobre las preferencias de las personas adolescentes no te será útil para acompañarlas a encontrar los límites. Cualquier comentario prejuicioso sobre su música, sus amistades, su forma de vestir, los videojuegos a los que juegan, etc., puede provocar una discusión que pondrá en juego su autoestima y vuestra comunicación.

Las preferencias adolescentes, sus intereses, forman parte del proceso de exploración de su identidad, por lo que son un tema extremadamente sensible. No es recomendable marcar los límites en la adolescencia utilizando sus preferencias. Sí lo es, sin embargo, enfocarnos en sus hábitos y conductas. Concretamente, en los hábitos y conductas relacionados con su capacidad para funcionar de forma autónoma y en su capacidad para relacionarse con las personas de su entorno de forma saludable.

Por lo tanto, los criterios por los cuales nos orientaremos para establecer los límites son los criterios de autonomía y socialización. Nos fijaremos en conductas que tienen que ver con la comunicación, el estudio, la convivencia en el domicilio familiar, la convivencia en espacios públicos, la higiene, el sueño, el uso de los dispositivos electrónicos, etc. Concentrarnos en sus hábitos y conductas, y no en sus preferencias, evitará discusiones innecesarias que no conducirán a establecer los límites saludables para todas.

Antes de marcar un límite piensa si estás ante una de sus preferencias o ante uno de sus hábitos o conductas. Para diferenciarlos hazte las siguientes preguntas: ¿Marcar el límite aquí es algo que mañana hará que sea una persona adulta autónoma? ¿Marcar el límite aquí facilitará que pueda funcionar socialmente (trabajo, pareja, amistades, comunidad de vecinas, etc.) de forma adecuada? Veamos unos ejemplos para ver esto de forma más clara.

El primero, relacionado con una preferencia: escuchar música de estilo (pon aquí el tipo de música que más rabia te dé). Pasemos los dos filtros: escuchar música de estilo X no influye negativamente en su autonomía ni tampoco impedirá que funcione socialmente. Ahora veamos uno relacionado con una conducta: escuchar música a un volumen muy elevado. Pasemos los dos filtros: escuchar música a un volumen muy elevado no influye directamente y negativamente en su autonomía, sin embargo, escuchar música a un volumen muy elevado puede impedir que funcione socialmente, puede afectar a sus futuras vecinas, parejas o a las personas con las que comparta vivienda, por ejemplo, y provocar fricciones en la convivencia si se convierte en un hábito. Esto es solo un ejemplo sencillo y no siempre va a ser tan fácil, pero te servirá para diferenciar entre preferencias, hábitos y conductas, y esto te ayudará a enfocarte cuando quieras establecer los límites.

¿QUÉ NECESITAMOS PARA SOCIALIZAR Y SER AUTÓNOMAS?

Para ser personas adultas autónomas, necesitamos tener desarrolladas todas nuestras facultades al máximo posible. Tenemos que contar con todos nuestros sentidos, estimularlos y desarrollarlos al máximo. Necesitamos cuidar nuestro cuerpo, procurar que realice todas las funciones biológicas que nos permiten estar saludables y hacer las cosas por nosotras mismas. Necesitamos dominar el lenguaje, disponer de la capacidad de encontrar las palabras que buscamos y de adaptar nuestros registros a los diferentes entornos en los que nos movemos. Necesitamos poder prestar atención, orientarnos adecuadamente en el tiempo y en el espacio. Debemos tener la capacidad de planificar acciones para conseguir objetivos, poder razonar y tomar decisiones.

Para relacionarnos con las personas de nuestro entorno, tenemos que saber dar las gracias, pedir disculpas, aprender a decir que no y también a recibir un no por respuesta. Necesitamos saber pedir ayuda y detectar cuando alguien la necesita para ofrecerla. Tenemos que aprender a escuchar, a expresar nuestras opiniones, a defenderlas y también a aceptar opiniones que son opuestas a las nuestras. Necesitaremos poder expresar nuestras emociones y nuestra frustración, así como recibir las emociones y la frustración de las demás personas. Debemos prepararnos para elaborar críticas y recibirlas, para hacer preguntas, para negociar o mantener una conversación de forma asertiva.

Todas estas habilidades nos permiten tener una vida adulta resolutiva, agradable y con relaciones lo más cómodas posible. Cuanto más estimulemos a las personas que se encuentran en desarrollo para conseguir todas estas habilidades, más recursos tendrán cuando sean adultas y, por lo tanto, más posibilidades de salir adelante de forma eficaz y eficiente con lo que la vida les vaya presentando. Por eso, en todo y especialmente en cuanto a límites se refiere, es tan importante no dejar al azar la preparación de una persona para la vida adulta.

Por eso es tan importante prepararse para acompañar las diferentes etapas de nuestro ciclo vital hasta que alcanzamos la vida adulta y vale la pena dedicar especial atención a la incómoda tarea de marcar las líneas rojas.

¿CÓMO SÉ SI SON LOS LÍMITES ADECUADOS?

Cuando ya tenemos claro que lo que tenemos delante es una línea roja, es decir, una situación en la que debemos poner límites porque cumple los requisitos anteriores, es necesario pasar tres filtros al límite que queremos establecer. Es importante que los límites que pongamos estén ajustados a la actualidad, tengan en cuenta las características de la persona adolescente que tenemos delante y también a su grupo de amistades.

Para empezar, cuando marcamos un límite, debemos asegurarnos de que no es un límite del siglo XV, XIX, de los años veinte o de los años ochenta. ¿Ponemos los mismos límites que nos ponían a nosotras? Ahí hace falta una revisión. Cuando marcamos un límite tenemos que asegurarnos de que está adaptado a los tiempos que corren. Recuerda que somos hijas de nuestro tiempo y resultado de las influencias que forman parte de la actualidad en la que vivimos. Por ejemplo, si Candela tiene catorce años y ya tiene pareja, no le vamos a prohibir salir con su pareja o la vamos a obligar a romper con su pareja porque consideramos que «tiene catorce años y es muy joven». Es decir, puedes pensarlo e incluso intentarlo, pero eso no quiere decir que sea adecuado hacerlo. La reacción que se puede producir a partir de esa prohibición puede complicar mucho su desarrollo e impactar gravemente en vuestra relación. ¿Por qué? Porque actualmente la realidad es la que es. No podemos negar la evidencia, pero podemos acercarnos a ella para entenderla, prevenir y atender lo que suceda con ella.

De la misma manera, es esencial tener en cuenta las características de la persona adolescente que tenemos delante. Si Candela nunca nos ha pedido salir de noche con sus amigas y un día nos lo pide, si suele cumplir con su palabra y no detectamos otros indicadores de riesgo que puedan preocuparnos, no hay motivo para no dejarla salir. Aunque acordemos ciertas condiciones para que todo vaya bien, se autoproteja y no se ponga demasiado en peligro, es importante que podamos atender esa necesidad.

Al igual que debemos atender a las particularidades de Candela, también atenderemos a las particularidades de su grupo de amistades. Para que no te diga lo típico de: «Todas mis amigas pueden menos yo». A veces esta afirmación no es cierta y solo quiere ganar un poco más de credibilidad para conseguirlo, pero a veces esta afirmación es cierta y la ponemos en una situación muy comprometida en este momento. Es importante en este punto verificar si es cierto que todas sus amigas pueden. Si se tiene la oportunidad, porque no siempre es fácil conocer a las familias de las personas con las que se relaciona, es interesante que se pueda llegar a un acuerdo conjunto sobre ciertas actividades o las horas de llegada en las salidas nocturnas, por ejemplo. Esto puede ser complicado, pero es muy recomendable esforzarnos para conocer a las otras familias de su círculo. Durante la infancia era común y habitual, en la adolescencia la cosa cambia... ¿por qué? No les demos un «no» por respuesta antes de verificar que eso es así y, si conseguimos verificarlo, es preferible que pueda realizar la actividad con su grupo o volver a la misma hora que vuelve su grupo, a que se sienta desplazada o que vuelva sola a ciertas horas de la noche porque todas sus amistades pueden volver más tarde.

También es importante tener en cuenta el lugar en el que estamos para tomar ciertas decisiones con relación a los límites. Aunque la vida es incierta y nunca sabemos lo que puede pasar, en cuestión de seguridad, no es lo mismo vivir en un pueblecito rural que en una gran ciudad donde la delincuencia o la violencia estén a la orden del día. No es lo mismo vivir en determinados países con ciertos regímenes políticos que en otros. Siempre es mucho mejor poner pocos límites y muy claros, que agobiarlas con normas y exigencias constantes.

Poner límites tiene más de arte que de ciencia, pero si reflexionas sobre tus creencias, determinas dónde vas a poner los límites, tienes claro que debes establecerlos en conductas y hábitos relacionados con la autonomía y la socialización, escoges pocos y los dejas claros, te adaptas a la actualidad, tienes en cuenta a la persona adolescente en cuestión y a sus amistades y valoras cada situación en particular, te sentirás más segura cuando los pongas y los límites que establezcas serán más lógicos, mejor recibidos y estarán más adaptados a la situación que tienes por delante.

Sé que parece mucho ahora, pero cuando aprendes a mirar los límites desde esta perspectiva, se vuelve más sencillo. Es cuestión de seguir intentándolo para aprender.

ARMONIZAR FIRMEZA Y TERNURA

Ahora que hemos establecido la base para identificar si los límites que queremos poner tienen unos buenos motivos, es momento de concentrarnos en cómo los ponemos. Recuerda que la adolescencia va a desafiar los límites por naturaleza, así que cuanto más claro tengas para qué estás poniendo el límite donde lo estás poniendo, más fácil será mantenerte firme. Tener claro el capítulo anterior es clave para ello, así como entender que tener autoridad no significa ser autoritaria y que respetar a una persona no es lo mismo que temerla. Vamos a buscar la autoridad y el respeto desde el amor, porque los límites son amor, y vamos a aceptar que en muchos momentos poner los límites va a ser incómodo y va a suponer una discusión. Aunque pueda parecerte ciencia ficción, el respeto se consigue poniendo los límites necesarios. Dominar el arte de discutir va a ser muy importante para establecer los límites en esta etapa. Tomarnos las discusiones como un reto, como una prueba más que vamos a tener que superar para poder avanzar en un juego. Ya conoces muchas herramientas de la comunicación asertiva que te van a permitir mantenerte firme, también conoces las pautas más importantes para escoger dónde poner los límites, sabes que tienes que explicarles para qué los pones donde los pones, pero no es suficiente con eso. Es importante que busques la armonía entre la firmeza y la ternura. Que no te enfoques solo en poner límites, que seas sensible a cómo está Candela en cada momento. No se puede acompañar la adolescencia sin discusiones. Las discusiones, los conflictos, son necesarios para nuestro desarrollo, pero no todo debe ser una discusión. Valora en cada momento, y en función del día que tienes y el día que tiene Candela, si la discusión es necesaria o puede esperar.

GUARDAR LA ROPA

«ROPA» es un sistema que te permitirá realizar unas pequeñas acciones muy necesarias antes de intervenir cuando detectamos una conducta o hábito al que creemos que debemos poner límites.

Al principio, como todo proceso de desarrollo de hábitos, nos resultará difícil llevar a cabo estas acciones en el orden propuesto, pero es importante ir repitiendo y no rendirse hasta que se convierta en parte de nosotras y olvidemos que algún día lo aprendimos. «ROPA» es el acrónimo de las acciones «Respira, Observa, Piensa y Actúa». Cuatro pasos que van a facilitarnos mantener la calma, enfocarnos a la acción reflexiva y evitar que nos lancemos a hacer cualquier cosa de cualquier manera.

En primer lugar, tomamos una respiración profunda y recordamos que es una persona en desarrollo y que nos necesita. En segundo lugar, nos enfocamos en la observación y la reflexión a partir de lo que observamos, teniendo muy presentes los criterios que nos permitirán detectar si la situación requiere de límites: «¿Qué ha pasado? ¿Lo que ha pasado tiene que ver con sus preferencias o intereses, o se trata de una conducta o hábito? ¿Esa conducta o hábito le puede impedir ser autónoma o tener problemas en sus relaciones en el futuro? ¿Ha reaccionado así alguna vez?». En tercer lugar, pensamos cuál es la estrategia más adecuada en función de nuestras reflexiones previas y de todo lo que ya sabemos hacer. En cuarto lugar, actuamos, es decir, hacemos lo que hemos pensado que puede funcionar y observamos el resultado. El primer paso, respirar, es el más importante para empezar a desarrollar el hábito de «guardar la ROPA» y no quedarnos desnudas ante la situación. Para todo lo anterior y lo que viene a continuación, nos convendrá tener muy presentes las estructuras de la comunicación asertiva que ya conoces. Ya sabes que la asertividad es nuestra aliada cuando se trata de mantenernos firmes.

LLEGAR A ACUERDOS

Los acuerdos son la herramienta principal cuando acompañamos la adolescencia. Llegar a acuerdos por consenso o mediante un proceso de negociación va a permitirnos poner límites y mejorar la convivencia, además de ayudarlas con su desarrollo. Podemos acordarlo todo con Candela. Desde las horas de llegada a casa, el tiempo de uso de los dispositivos, el tiempo de estudio, las tareas de la casa que va a realizar, las normas de convivencia en casa… Todo lo que se nos ocurra va a pasar por un proceso de consenso o negociación hasta llegar a un acuerdo.

Vaya por delante que llegar a acuerdos no es sinónimo de que esos acuerdos se cumplan a la primera. No buscamos obediencia, buscamos que aprenda a responsabilizarse y que se desarrollen de forma adecuada las funciones cerebrales que va a necesitar en su vida adulta, y eso lleva tiempo. Es importante que no tengas prisa y que sigas las pautas educativas sin esperar resultados inmediatos, aunque convencida de que lo que estás haciendo tiene un sentido y va en la dirección de favorecer y estimular su desarrollo. Por lo tanto, los acuerdos no implican que las personas adolescentes cumplan inmediatamente los compromisos que adquieren, pero sí las vinculan más con ellos y nos permiten trabajar sobre un concepto muy importante: la confianza.

Cada vez que un acuerdo no se cumpla, además de las consecuencias lógicas de ese incumplimiento que veremos a continuación, vamos a introducir las palabras compromiso y confianza. Para que en el futuro las personas de su vida confíen en Candela es importante que trabajemos sobre la idea de que la confianza es algo que se consigue mediante el cumplimiento de los compromisos que se contraen.

Toda nuestra vida adulta va a estar repleta de compromisos que vamos a tener que asumir y todas nuestras relaciones adultas van a basarse en la confianza. Por consiguiente, lo que perseguimos cuando llegamos a acuerdos con ella no es que haga lo que queremos, sino que desarrolle la capacidad de responsabilizarse de aquello con lo que se compromete y que pueda hacerse cargo de la confianza involucrada en ese proceso y de los acontecimientos que resultan de no hacerlo.

EL CONSENSO Y LA NEGOCIACIÓN

Podemos llegar a acuerdos con Candela de dos formas. En primer lugar, mediante el consenso. El consenso implica decidir algo conjuntamente. El acuerdo se produce después de dialogar, plantear a todas las partes sus preferencias y valorarlas mediante una puesta en común. Un consenso se produce cuando no hay diferencias aparentemente insalvables de entrada.

Aquí, por ejemplo, Candela manifestaría su necesidad de llegar a medianoche de las fiestas del pueblo y tú, a pesar de que su hora de llegada los fines de semana es a las diez habitualmente, lo valorarías y decidirías, por ejemplo, que las doce no es tan tarde teniendo en cuenta que hay conciertos y otras actividades durante la madrugada. Así que le dirías a Candela que estás de acuerdo con que vuelva a las doce, explicándole los motivos de tu valoración, y así quedaría vuestro acuerdo.

Sin embargo, y en segundo lugar, la negociación implica que ambas partes no pueden ponerse de acuerdo de entrada porque las diferencias en sus demandas parecen incompatibles. Esto se produciría, por ejemplo, si Candela pidiese venir a las siete de la mañana de las fiestas del pueblo y a ti te pareciese terrible porque considerases que la una de la madrugada ya es una hora suficiente. En este caso se haría necesaria una negociación.

Para negociar en este ejemplo, en primer lugar, necesitaremos tener claro el tema de la negociación para no confundirnos por el camino si se produce una discusión: vamos a discutir la hora de llegada a casa durante las fiestas del pueblo. En segundo lugar, vamos a pensar en nuestras condiciones innegociables y en lo que podemos sacrificar. Si crees que podrías ceder hasta las tres de la mañana, por ejemplo, esa va a ser tu hora innegociable. Si quieres que vuelva acompañada si vuelve más tarde de las doce, esa va a ser otra de tus condiciones innegociables. Si necesitas que vuelva en un estado de sobriedad, por ejemplo, beber agua durante la noche va a ser otra de tus condiciones (eso no quiere decir que lo cumpla, pero ahí va a estar y te va a permitir trabajar en el compromiso si no se cumple el acuerdo).

Con tus condiciones innegociables claras, le pides a Candela que te haga su propuesta, que de partida será las siete o una hora cercana. Cuando la ha hecho, te toca hacer una contrapropuesta. Si ella no está conforme, deberá hacer otra contrapropuesta y así hasta que lleguéis a un acuerdo. Imagínate que después de todo el proceso, habéis llegado al acuerdo de que va a llegar a las tres y media en estado de sobriedad, pero que va a volver acompañada por alguien de su confianza o la vas a ir a buscar tú. Así quedaría vuestro acuerdo.

A veces, las personas adolescentes no quieren negociar, se niegan de entrada. Si eso pasa, suele funcionar darles dos opciones, aunque no sea lo que quieres o lo más adecuado de entrada, lo que necesitamos es que entren en el juego de la negociación, así que podrías decirle a Candela: «O negociamos y llegamos a un acuerdo, o llegas a la una y punto, ¿qué prefieres?». Suelen escoger la opción de la negociación. Tras haber conseguido el acuerdo, es momento de acordar también las consecuencias. Siguiendo el mismo procedimiento, negociaremos las consecuencias y le daremos la palabra a Candela para que sea ella la que proponga la consecuencia que se producirá si ella o tú no cumplís con el acuerdo. Si nosotras también nos involucramos, nosotras también podemos decidir un día incumplir un acuerdo.

Es importante que Candela perciba que también estamos sujetas a las consecuencias de las cosas a las que nos comprometemos si no cumplimos. Sigamos con el ejemplo anterior, pongamos que Candela propone que si ella incumple el acuerdo se le prohíba salir al día siguiente. Esta no sería una consecuencia adecuada en este caso y deberíamos ayudar a Candela a proponer consecuencias lógicas y realistas.

LAS CONSECUENCIAS LÓGICAS

Las consecuencias lógicas deben cumplir varios requisitos. En primer lugar, deben estar relacionadas con la conducta que queremos mejorar. Por lo tanto, si, en el ejemplo del capítulo anterior, Candela hubiese decidido que la consecuencia al incumplimiento del acuerdo fuese retirarle el móvil, no deberíamos aceptar esta consecuencia porque no tiene ninguna relación con el hecho de sobrepasar la hora de llegada. En segundo lugar, deben ser proporcionadas. Eso quiere decir que, siguiendo con el ejemplo anterior, si Candela propone quedarse sin salir al día siguiente, esta consecuencia no sería proporcionada. Si Candela ha llegado una hora tarde, quedarse sin salir todo el día siendo las fiestas del pueblo no sería una consecuencia proporcionada.

Las consecuencias lógicas deben ser acordadas con la persona adolescente en cuestión, es decir, que no podemos imponerlas de repente sin dialogarlo con ellas o, al menos, hacerles reflexionar sobre la consecuencia que sería más adecuada para cada conducta a mejorar. Por lo tanto, en el ejemplo de Candela saltándose la hora de llegada y volviendo una hora más tarde, quizá finalmente se podría acordar que, al día siguiente, por ejemplo, Candela llegase una hora antes de lo acordado. Las consecuencias deben ser realistas, deben ser cosas que Candela pueda cumplir, que no estén fuera de su alcance y en las que ella pueda relacionar la conducta a mejorar con la conducta de compensación. Tanto si el límite hay que ponerlo porque se ha saltado un acuerdo como si hay que ponerlo porque ha hecho algo que, aunque no se haya acordado, debe mejorar porque tiene que ver con los criterios de autonomía y socialización, es importante que les demos la oportunidad de pensar en la consecuencia de ese comportamiento y que tengan el espacio para buscar la mejor consecuencia a su conducta por ellas mismas. Hagámoslas reflexionar sobre la consecuencia de sus decisiones.

Una vez se han consensuado o negociado los acuerdos y las consecuencias a los incumplimientos de los mismos, es importante que queden por escrito en forma de contrato educativo y se puedan situar en el tablón, de modo que estén a la vista y se pueda hacer referencia al acuerdo en cuestión de forma sencilla.

EL CONTRATO EDUCATIVO

El contrato educativo sirve para reafirmar los acuerdos, mantenernos firmes ante ellos y trabajar sobre la responsabilidad, el compromiso y la confianza. En el contrato exponemos los acuerdos y lo que pasará si no se cumplen por ambas partes y se firman con la fecha del día en cuestión. Candela va a firmar muchos contratos en su vida adulta, aprovechemos este momento para que lea el contrato con atención, para que piense si está de acuerdo y para que lo firme, recordándole que el compromiso es mutuo y que no cumplirlo tiene unos resultados concretos. Puede que cuando no quiera cumplir los acuerdos, en un arrebato, Candela rompa el acuerdo y lo haga pedazos, literalmente. La consecuencia lógica en este caso sería que Candela recogiese los pedazos, recompusiese el contrato con cinta adhesiva o los tirase a la basura y reescribiese el contrato de nuevo reflejando los mismos acuerdos y consecuencias que en el original.

Los contratos pueden revisarse periódicamente y cambiar algunos de los términos que constan en ellos, pueden hacerse más flexibles o menos en función de la situación, incluso se puede fijar un día para revisarlos en común cada cierto tiempo, pero lo más importante es que se puedan renegociar conjuntamente y se pueda reflexionar sobre el hecho de que estemos flexibilizando o no el contrato, y para qué lo estamos haciendo. Es decir, que si descubrimos que Candela cumple a la perfección con el acuerdo inicial y ya lleva un tiempo haciéndolo, es interesante que nos sentemos con ella, reforcemos este hecho en positivo y le preguntemos si quiere retrasar la hora de llegada o suavizar las consecuencias, por ejemplo. O si, por el contrario, Candela se salta todos los días la hora de llegada y llevamos meses sin conseguir que lo cumpla, tendremos que sentarnos, exponerle que debemos revisar el contrato y preguntarle si sabe por y para qué tenemos que revisarlo. En ese momento, podemos introducir la idea de que, al no cumplir la hora acordada, hay que restringir las salidas, la hora de llegada o aumentar la supervisión sobre las salidas de alguna manera. Ahí lo importante es que podamos establecer el diálogo con Candela para abordar que no se están cumpliendo los acuerdos, que no se está responsabilizando de su compromiso y que, por lo tanto, la confianza en ella está disminuyendo con respecto a su capacidad para llegar a la hora.

Es importante remarcar que no perdemos la confianza en Candela, sino en su capacidad para llegar a la hora. Si escribimos el contrato a mano, mejor, y si lo hacemos en un ordenador y luego lo imprimimos, es importante que Candela esté en todo el proceso, no lo hagas tú. El contrato educativo es una herramienta que nos sirve para revisitar el momento del acuerdo y trabajar para que se haga responsable de sus decisiones y acciones de forma progresiva, pero no sirve de nada si es algo que haces tú o se presenta en forma de imperativo sobre el que ella no tiene nada que hacer. Involucrarlas en clave del beneficio mutuo que se obtiene de realizar este proceso es lo ideal.

RECAPITULANDO

Para establecer los límites en la adolescencia hay que tener en cuenta que…

1. … poner límites es un acto de amor.
2. … poner límites es un tema de seguridad individual y colectiva, de higiene y salud comunitarias.
3. … si no ponemos o no nos ponen límites, podemos arrastrar una situación de insatisfacción y acumular gran malestar emocional.
4. … nos cuesta ponerlos porque suelen provocar reacciones propias y de las personas a las que se los ponemos que a veces no sabemos cómo gestionar.
5. … para ponerlos hay que revisar las creencias propias sobre los límites.
6. … debemos evitar poner límites a las preferencias e intereses.
7. … tenemos que enfocarnos en las conductas o hábitos que puedan dificultar su autonomía o sus relaciones en su vida adulta.
8. … conocer y desarrollar las habilidades necesarias para ser personas autónomas y sociables.
9. … para saber si son los límites adecuados, tienen que adaptarse a la actualidad, tener en cuenta a la persona adolescente en cuestión y a sus amistades y valorar cada situación particular.
10. … mejor poner pocos y que estén muy claros.
11. … es importante que busques la armonía entre la firmeza y la ternura.

12. … puedes usar la estrategia de guardar la ROPA (Respira, Observa, Piensa, Actúa) antes de marcar un límite.

13. … vas a necesitar llegar a acuerdos por consenso o mediante una negociación.

14. … debes aprender a determinar las consecuencias lógicas cuando las conductas no son adecuadas o se incumplen los acuerdos.

15. … recoger los acuerdos y las consecuencias del incumplimiento de los mismos en un contrato educativo te permite acompañar para que se responsabilicen de sus compromisos y cuiden la confianza.

ACOMPAÑAR LA
TOMA DE DECISIONES

La toma de decisiones es una de las tareas que las personas adolescentes realizan con mayor dificultad porque aún no pueden anticipar las consecuencias de lo que deciden. Muchas veces toman decisiones por influencias externas, por impulso, por necesidad de inmediatez, porque se sienten mal... No pueden imaginar todavía lo que implica emocionalmente eso que se están planteando hacer. No entienden cómo se van a sentir ellas o las demás personas que las rodean cuando hagan lo que piensan hacer y pueden formarse expectativas que luego no se cumplan y las llenen de frustración.

Para que puedan lidiar mejor con su frustración si esta aparece, es muy importante que, al menos, podamos acompañarlas para que decidan con toda la información posible. Anticipar con ellas los detalles de la decisión que están a punto de tomar, las diferentes consecuencias que puede tener esa decisión y qué alternativas tienen si lo que quieren hacer no sale como esperan es muy útil para reducir los efectos desagradables de las decisiones que toman y para tolerar mejor la frustración cuando aparece. Por ejemplo, imagina que Candela quiere cortarse su preciosa y larga melena rizada porque se ha inspirado en alguien que admira que lo lleva así, se identifica con esa persona y siente que si lleva el pelo así estará más cerca de lo que quiere proyectar. Nosotras sabemos que puede ser un shock para ella verse, de repente, con el pelo corto, después de toda una vida con el pelo largo. De hecho, si la decisión la toma sin acompañamiento, puede pasar que le encante su nuevo aspecto o que se corte el pelo y después se pase una semana llorando sin querer salir porque no se siente bien.

Puede que haya ido muy convencida a la peluquería, pero que cuando la peluquera ha acabado el trabajo le haya impactado el resultado y vuelva a casa triste o enfadada. Para evitar que Candela tome la decisión dejándose llevar exclusivamente por sus expectativas, es importante que podamos sentarnos con ella y anticipar. Siguiendo unos sencillos pasos, puedes asegurarte de que, si Candela finalmente toma la decisión de cortarse la melena, lo haga habiendo reflexionado sobre los diferentes escenarios que se pueden plantear después de hacerlo. Eso hará más sencillo que se enfrente a las consecuencias desagradables si las hay.

Anticipar va a ser una gran herramienta para ayudar a las personas adolescentes de tu vida a tomar decisiones en este momento de su ciclo vital.

ANTICIPAR

Para anticipar con adolescentes, lo primero que tenemos que hacer es no negarnos de entrada a lo que nos están proponiendo. Siguiendo con el ejemplo anterior, después de recibir la noticia de que Candela está pensando en cortarse el pelo, es muy importante que no nos neguemos, pongamos caras raras o menospreciemos su demanda. En lugar de eso, es momento de interesarse por ella, preguntarle en qué tipo de corte está pensando, sentarse con ella delante del ordenador o el móvil para buscar fotos del corte de pelo, valorar con ella todas las alternativas de corte posible y todo lo relacionado con la decisión que quiere tomar. Es una ocasión fabulosa para acercarse a ella y conocerla un poquito mejor, descubrir de dónde recibe su inspiración, a quién admira, cómo se está construyendo a ella misma... El segundo paso, pues, será buscar información sobre la demanda que ha hecho. Esto se aplica a tatuajes, *piercings*, viajes, formaciones, etc.

Conviene prepararlas para aquellas decisiones cuyo impacto pueda ser más grande o que puedan tener alguna repercusión en su vida adulta en términos de autonomía y socialización. El momento de buscar la información va a ir acompañado de la reflexión correspondiente. Vamos a preguntarle a Candela qué le parece el proceso de cortarse el pelo, vamos a hacer un montaje con su rostro y el futuro corte de pelo, vamos a investigar sobre el cuidado del cabello corto e, incluso, podemos visitar diferentes peluquerías o hablar con las peluqueras para que nos expliquen los detalles del corte de pelo y lo que va a tener que aprender para cuidárselo bien. Una vez hemos buscado juntas toda la información necesaria sobre la decisión que Candela quiere tomar, es momento de pensar en las diferentes posibilidades después de tomar la decisión. Puedes preguntarle a Candela qué puede pasar tras el corte, qué haría si no le gustase el corte una vez realizado, si no supiera cómo peinarlo, qué podría pasar si no le gustase, qué alternativas tendría si eso sucediese, si se sentiría cómoda con su grupo de amistades si no se viese bien...

La idea es hacerle pensar sobre todas las alternativas que se os ocurran a las dos. Claro que puede que después del corte de pelo se sienta estupendamente y le guste, pero si no le gusta, puede llegar a pasarlo muy mal en este momento en el que la identidad propia y la autoestima están en el punto de mira. Podemos elaborar una lista de pros y de contras para hacer más gráfico el proceso y anotar la información que vamos encontrando al respecto. Tras ese proceso de búsqueda de información y de reflexión conjunta, Candela debe decidir si quiere seguir adelante con el cambio de *look*. En este momento, aunque decida cortárselo, ya no estaremos ante una decisión ciega basada en elementos etéreos, sino que habremos trabajado con Candela los elementos concretos e indispensables para tomar esa decisión. Además, habremos transmitido una forma de tomar decisiones que le dará una estructura de apoyo para tomarlas en el futuro.

Cuando debemos tomar una decisión de cierto calibre en esta etapa, acompañarlas para conocer las diferentes opciones, obtener la mayor cantidad de información posible sobre ellas, reflexionar sobre los pros y los contras e imaginar los resultados y cómo nos sentiríamos con ellos puede facilitar mucho el proceso. Antes de actuar en base a la decisión que quiere tomar Candela, es importante que piense en una propuesta alternativa a esa decisión por si no sale como esperaba. Si las consecuencias son desagradables y aparece la frustración, es muy reparador que Candela pueda agarrarse a las ideas alternativas que ha previsto con anterioridad. Esas otras opciones nos permitirán acompañarla para que pueda seguir adelante después del mal trago que supondrá enfrentarse a una decepción.

RECAPITULANDO

Para ayudarlas a tomar decisiones hay que tener en cuenta que…

1. … no conviene negar de entrada la demanda adolescente, hay que ir a favor o posicionarse de forma neutra.
2. … hay que buscar conjuntamente toda la información posible en relación a la decisión que quiere tomar.
3. … es importante generar reflexión sobre todo lo que se va descubriendo en relación a la decisión que se quiere tomar.
4. … ponerla por escrito y hacer una lista de pros y de contras la ayudará en el proceso de decidir.
5. … es muy útil pensar en algunas propuestas alternativas para manejar la frustración ante las consecuencias desagradables.

ACOMPAÑAR LA ORIENTACIÓN FORMATIVA Y LABORAL

Una de las principales decisiones que se toman en la adolescencia tiene que ver con la orientación formativa y laboral. La anticipación va a ser también muy útil cuando se trata de escoger entre diferentes opciones formativas y vamos a seguir el proceso que ya conocemos cuando ya tenemos claras esas opciones. Es decir, cuando Candela ya se ha decidido por algunas opciones, vamos a revisar el capítulo anterior para anticipar y revisar con ella esas opciones, buscar la información necesaria, generar reflexión sobre esa actividad laboral, ayudarla para que se imagine trabajando en ese campo en concreto, con ese horario, ganando ese sueldo, vamos a tener en cuenta todas las características de las diversas opciones y a hacer una lista de pros y de contras antes de tomar la decisión. También vamos a invitar a Candela a escoger una o varias alternativas por si sucede algo y no se puede sostener la formación escogida en primer lugar. Antes de tomar la decisión, puede ser de gran ayuda ponerla en contacto con profesionales de ese ámbito. Presentarle a personas que trabajen de lo que ella se está imaginando y que le expliquen el día a día en su trabajo o lo que debe tener en cuenta antes de escoger le ayuda a decidirse. Todo esto en caso de que a Candela ya le llamen la atención algunas formaciones, profesiones o tenga alguna idea en mente, pero ¿qué pasa si está desorientada y no encuentra nada que le genere interés?

En la fase previa a tomar la decisión, las personas adolescentes deberían poder probar diferentes opciones, hacer algunas prácticas en diferentes lugares, visitas a organizaciones diversas, voluntariados, campos de trabajo... Cuantas más oportunidades de probar experiencias diferentes y de conocer personas diferentes tengan, mayores serán también las probabilidades de que se motiven por algo en concreto. Porque ahí es donde está la clave para iniciar y sostener una carrera profesional, en la motivación.

LA MOTIVACIÓN

La motivación nace de la emoción. Cuando salta la chispa que enciende la curiosidad se pone en marcha el deseo. El deseo es lo que nos hace movernos, lo que nos empuja a seguir. Deseamos algo y eso nos sostiene durante el proceso de conseguirlo.

Nos pasamos la vida proyectando deseos y moviéndonos para cumplirlos. Pedimos deseos en nuestro cumpleaños. Eso que deseamos tiene valor para nosotras, por lo tanto, si lo que debemos perseguir no tiene valor para nosotras, si no deseamos verdaderamente conseguir ese algo, no nos moveremos para conseguirlo.

Habitualmente, lo que tiene valor para las personas adultas no lo tiene para las personas adolescentes. Muchas veces cuando hablamos de motivación en la adolescencia, lo que realmente queremos es que les motiven las mismas cosas que nos motivan a nosotras. Queremos que se motiven por estudiar, que se motiven por hacer deporte, que se motiven por estar con la familia… Lamentablemente, las prioridades en esta etapa son otras y, por lo tanto, las cosas que tienen valor para las personas adolescentes tienen que ver con esas prioridades.

La amistad, la búsqueda de su identidad, la exploración de la autonomía, las emociones intensas… Eso no quiere decir que las personas adolescentes no puedan hacer cosas que no deseen o a las que no den valor. Quiere decir que nos va a costar un poco más de esfuerzo conseguir que hagan las cosas con las que no se sienten vinculadas. Lo que pasa con la adolescencia no es que no esté motivada, es que no está motivada por lo que la sociedad le exige que lo esté en este momento.

Una persona adolescente puede levantarse a las cinco de la mañana si se trata de hacer algo que valora (ir a un concierto, a jugar un partido, empezar un viaje con amigas...). Sin embargo, cuando se trata de ir al instituto, de estudiar, de hacer exámenes, de entregar trabajos, no es tan fácil madrugar para ella. Si estudiar no tiene valor para Candela en este momento y aún no puede entender el valor que tendrá en su futuro, es muy probable que vayamos a tener que ayudarla con la motivación por estudiar y por escoger una carrera profesional. Normalmente encontramos la motivación cuando echamos de menos algo, cuando necesitamos algo o cuando anticipamos una recompensa. Para conseguir que una persona adolescente haga algo por lo que no está motivada vamos a tener que combinar estos factores y conseguir que eche de menos algo, que necesite algo o que busque la recompensa vinculada a la tarea que se tiene que realizar. Si la motivación no nace de forma natural, necesitaremos estimularla con diferentes estrategias.

LOS ESTUDIOS

A la adolescencia no le suele gustar estudiar. Algunas personas adolescentes van sacando el curso porque, aunque no les guste e incluso lo pasen mal, tienen herramientas para hacerlo. A otras les cuesta la misma vida sacar el curso adelante, aunque lo acaban sacando, con recuperaciones y esfuerzo. Otras no se lo sacan porque no tienen recursos ni apoyos, acumulan una enorme trayectoria de frustración y acaban siendo expulsadas del sistema. También hay algunas adolescentes que disfrutan aprendiendo, aunque son las menos, y otras que necesitan el reconocimiento que les proporciona sacar buenas notas y conseguir retos académicos. Incluso hay algunas que necesitan complacer a las personas adultas de su entorno porque es lo que se espera de ellas y una buena forma de mantener la paz.

Aun así, estudiar no es algo que tenga gran valor en sí mismo para una persona adolescente porque, sencillamente, no forma parte de las tareas evolutivas de la etapa, sino de las tareas socioculturales de la etapa, es decir, impuestas por la sociedad. Partiendo de esta realidad, lo más natural es que a Candela no le guste demasiado ir al instituto a estudiar y no le guste demasiado tener que hacer exámenes.

¿Qué tiene que pasar para que Candela se motive para sacar los estudios adelante? En primer lugar, tendremos que averiguar por qué Candela no está rindiendo adecuadamente en el instituto. Quizá le falten hábitos de estudio, quizá no se sienta bien en clase, quizá tenga alguna preocupación, quizá no se sienta capaz...

Como ya sabemos que las características de la etapa no les dejan pensar en el futuro en clave de esfuerzo y, por lo tanto, que las personas adolescentes dependen de nuestra intervención para proteger algunos aspectos —como este, por ejemplo—, vamos a tener que emplearnos a fondo.

No haber recibido una buena orientación formativa y laboral puede dificultar su autonomía cuando sean adultas, vale la pena esforzarse. Si una persona adolescente no está sacando el curso adelante, no va a servir que le digamos que es una vaga, o que debería esforzarse más, o que no le da la gana ponerse a estudiar.

No podemos quedarnos ahí interpretando y juzgando lo que nos parece que le pasa a Candela. Hay que ponerse las pilas y, si es posible, contar con intervención profesional para que determine qué es lo que está dificultando que avance en el curso adecuadamente. Como le cuesta planificar por el momento de desarrollo cerebral por el que pasa, no sirve de nada que le digas que debería organizarse mejor. Si no lo hace es porque no puede o porque no sabe, no porque no le dé la gana. Por eso es tan importante que podamos contar con ayuda profesional que pueda acompañarla para que desarrolle mejores hábitos.

Aunque te diga que no la necesita, que no quiere ayuda o que puede sola, no te confíes y, si suspende o tienes evidencia clara de una falta de hábitos de estudio, es importante que puedas acordar con ella que acepte la ayuda profesional. Candela quiere aprobar, no le gusta sentirse como se siente cuando recibe malos resultados o los comentarios del centro educativo. La etapa se lo pone ya bastante difícil, no se lo pongamos nosotras más difícil aún.

Busca ayuda si Candela la necesita, no tienes que hacerlo tú todo, y refuerza el acompañamiento profesional desde casa siguiendo algunas pautas, como las que tienes a continuación, que se concentran en la prevención del fracaso escolar.

PREPARAR EL CAMBIO DE CICLO

El primer momento que debemos atender es el momento del paso de primaria a secundaria, más si cursa con un cambio de centro educativo. La nueva etapa en su desarrollo va a coincidir con una nueva etapa en lo académico, hay que preparar a Candela para que la adaptación se realice adecuadamente e impacte lo mínimo posible en su rendimiento académico.

En España, hacia los doce años se pasa de primaria a secundaria. Es un momento muy delicado lleno de cambios profundos y es importante que podamos prepararlo. Puede servir visitar el centro educativo con anterioridad, ver cómo son las aulas o el patio, conocer a la persona que será su referente en el centro educativo y en qué la puede ayudar, o buscar los servicios que pueda necesitar en torno a él.

Se puede hacer una foto del centro o los diferentes espacios y colgarla en el tablón. Es importante preparar el material que se va a utilizar (la mochila, las libretas, estuche, etc.), preparar el espacio de estudio, analizar la lista de nuevas asignaturas, reflexionar sobre ellas, realizar el nuevo horario, que incluya las actividades extraescolares, y acordar antes de empezar los tiempos que va a dedicar a cada actividad. Todo esto debe hacerse con tiempo, antes de que empiece el nuevo curso y un poquito cada día, no todo a la vez.

ESTAR EN CONTACTO CON EL
CENTRO EDUCATIVO

Cuando Candela empiece el curso, es importante que no pierdas el contacto con el centro educativo. Hay que procurar tener una buena relación con las personas referentes de Candela, construir una relación para que puedan mantenerte informada va a ser esencial. Es importante que Candela no tenga la sensación de que la espías en el centro o de que te entrometes, lo que en la etapa es común, así que hay que ser discreta. Verbaliza a las referentes del centro que no es necesario que informen a Candela de que has hablado con ellas o de que has estado en el centro. Insiste en ser informada de lo que va pasando u observan con respecto a Candela y estate muy atenta.

El primer año es crucial, si trabajamos para que se sientan seguras en el nuevo ciclo, será más fácil que puedan mantener los cuatro años que tienen por delante con todo lo que la adolescencia les va a traer. Asegúrate durante el primer año de que entiende el funcionamiento del nuevo ciclo y observa cómo se prepara y cuáles son los resultados que obtiene. Es natural que bajen un poco su rendimiento el primer año de adaptación, pero lo importante es que Candela vaya aprobando; si va aprobando, vamos bien.

ORGANIZAR EL ESPACIO DE ESTUDIO

El espacio en el que estudia debe ser diáfano, con las menores distracciones posibles y con los dispositivos electrónicos indispensables para realizar las tareas que se deben realizar. Si se puede ubicar el espacio de estudio en uno de los espacios comunes de la casa, podrás supervisar mejor el tiempo y las condiciones de estudio de Candela. Es mejor si estudia sin música y sin las redes sociales a su disposición, y deberás llegar a acuerdos con ella sobre el uso del móvil durante el tiempo de estudio, entre otras cosas.

Es importante que genere el hábito de pasar las tareas de la agenda, las fechas de los exámenes y las fechas de entrega de los trabajos, etc., a un calendario, lo más grande que se pueda, en el que tenga la facilidad de visualizar todo lo que tiene por delante. Esta puede ser la primera tarea que realice cuando empiece el tiempo diario de estudio. Usar elementos visuales de planificación como el calendario o colores fluorescentes para destacar los diferentes tipos de tareas, tachar las tareas realizadas, etc., la ayudarán a organizarse.

ACORDAR EL TIEMPO DE OCIO Y ESTUDIO Y SUS CONDICIONES

Es muy importante que acuerdes con Candela un tiempo y unas condiciones para el estudio y el ocio. Se puede acordar un tiempo fijo cada día para el estudio y otro fijo para el ocio, o se puede vincular de forma proporcional el tiempo de ocio al tiempo de estudio. Es decir, tanto tiempo has dedicado a estudiar, tanto tiempo dedicarás a los videojuegos, por ejemplo. Hay que ir más allá de la cantidad y concentrarnos en la calidad. Es decir, que no porque dediquen más tiempo al estudio van a rendir más.

A veces, menos es más, y pueden rendir más en media hora que en dos horas. Por lo tanto, lo importante no es tanto el tiempo que dediquen, sino lo que consiguen hacer en ese tiempo y con qué calidad consiguen hacerlo. Esto va a variar para cada caso y cada día, no estamos siempre igual, así que dependerá de la persona adolescente que tengamos delante y de las condiciones del momento.

Es importante mantener las rutinas acordadas para desarrollar los hábitos. Aunque te diga que no te necesita y que ella controla, al principio, hasta que no tengamos claro si puede sostener el curso sola, tenemos que estar atentas y ejercer algún tipo de supervisión. Iremos retirando las ayudas de forma progresiva cuando tengamos claro que ya ha desarrollado esos hábitos y puede hacerse cargo sola. Es importante enviar el mensaje de que confiamos en que aprenderá a hacerlo sola.

Si confiamos y no lo consigue, el mensaje que le demos tendrá que ver con la necesidad de cambiar algo de lo que está haciendo para mejorar los resultados. Siempre nos enfocaremos en las soluciones. Si detectamos que aún no está preparada, hay que mantener las ayudas. El objetivo es que sea lo más autónoma posible en lo académico, pero necesita un tiempo para desarrollar la capacidad de serlo. Ayudarla a desarrollar esa capacidad no tiene que ver solo con confiar en ella, tiene que ver con entender qué es lo que necesita para conseguir desarrollarla y cubrir esa necesidad.

Acuerda con ella el tiempo diario de ocio y el tiempo diario para hacer las tareas, y que ese acuerdo también incluya las consecuencias por incumplimiento. Es importante que haya un descanso estipulado cada cierto tiempo —también acordado—, que el móvil no esté presente durante el tiempo de estudio y que puedas supervisar su trabajo después de la jornada.

Al final de la jornada de estudio, no está de más preparar el material para el día siguiente. Las rutinas nos ayudan a aprender. Nos dan estructura y seguridad. Por lo tanto, empezar el tiempo de estudio pasando las tareas de la agenda al calendario, hacer descansos cada cierto tiempo y finalizar el tiempo de estudio preparando el material para las clases de mañana puede ayudar a Candela a construir esa estructura y, por lo tanto, a mejorar sus hábitos de estudio y sus resultados.

De la misma manera, involucrarte en sus tareas, dedicar diez minutos a que te explique lo que ha hecho y puedas reforzar en positivo su esfuerzo y verbalizar que te sientes orgullosa de ella es algo que va a ayudarla a mantener su motivación.

MANTENER LA MOTIVACIÓN

Si Candela mejora sus hábitos de estudio, mejora su rendimiento y se siente capaz de sostener el curso será mucho más fácil para ella mantener la motivación hasta el final. También puedes usar las recompensas.

Nos motivamos cuando deseamos algo, cuando anticipamos la recompensa, por lo tanto, utilizarla es muy útil. La mayor recompensa por la que deberíamos trabajar es el hecho de conseguir acabar el curso y estar un paso más cerca de ser una persona independiente y autónoma, con un trabajo y un sueldo propio. El hecho de acabar el trimestre y disfrutar de las vacaciones sin preocupaciones. El hecho de acabar la semana y disfrutar del fin de semana lleno de actividades estimulantes. El hecho de acabar la jornada de estudio de hoy habiendo realizado todo lo que era necesario y disfrutar del resto de la tarde libre.

Como estas recompensas, que serían las consecuencias naturales del esfuerzo, no suelen funcionar con todas, podemos usar otro tipo de recompensas vinculadas a estas y relacionadas con sus intereses. La recompensa de acabar el curso y realizar esa estancia en el extranjero que le hace ilusión. La recompensa de pasar unas vacaciones haciendo varias cosas que le gustan con mayor flexibilidad. La recompensa de ir a los karts el fin de semana. La recompensa de dedicarle unas horas más a los videojuegos. La recompensa no es un premio que se gana, un soborno o un trueque.

No es un «si haces esto, te doy lo otro». Es más bien un «si consigues acabar esto, podrás hacer esto otro», pero no porque yo te dé permiso para hacerlo, sino porque ya habrás atendido tus responsabilidades. La recompensa es la consecuencia natural de un esfuerzo y tiene una relación natural también con la actividad realizada.

Nuestra vida se basa en las recompensas. Trabajamos para obtener un sueldo a final de mes. Ahorramos para poder hacer unas vacaciones o adquirir algo que necesitamos o nos hace ilusión. Nuestros esfuerzos están orientados a obtener recompensas: ¿por qué no trabajar con la recompensa para que Candela pueda mantenerse motivada? Acordar con ella esas recompensas, lo que va a poder hacer cuando realice las tareas necesarias, e írselo recordando durante el período académico va a ser muy importante.

Hay que procurar incrementar su deseo sobre la recompensa cada día, hablarle de lo bien que va a estar cuando acabe esa tarde de estudiar, enseñarle el lugar al que va a ir cuando acabe el curso y buscar información juntas sobre las actividades que va a poder realizar allí, organizar la salida a los karts, ir a comprar un modelito que le hace ilusión para la fiesta del fin de semana... Si no recordamos lo que va a obtener y vamos avivando el deseo y recordándole el valor de lo que hace, será más difícil que mantenga la motivación si no la siente ya de forma natural.

¿A QUÉ TE QUIERES DEDICAR CUANDO ACABES EL INSTITUTO?

Atender y acompañar lo que va sucediendo en su vida académica es crucial, pero la orientación laboral va más allá de acompañarlas para que superen un curso en concreto, va más allá de acabar el curso.

La orientación laboral tiene que ver con hacia dónde nos lleva superar los cursos. Consiste en estimularlas desde lo antes posible para que entren en contacto con diferentes realidades que puedan hacer saltar la chispa de su curiosidad para acercarse al mundo laboral. Candela va a necesitar grandes dosis de motivación —un gran deseo— para moverse en una dirección y sostener una trayectoria formativa y laboral durante años. Si no está segura del camino que ha escogido, existe un gran riesgo de abandono, así que vale la pena dedicar el tiempo necesario a explorar antes de tomar la decisión.

Por lo tanto, para orientarla laboralmente, vamos a tener que trabajar en dos líneas: conseguir que sostenga los cursos académicos y ayudarla a descubrir sus intereses. Vamos a tener que ayudarla a encontrar su vocación (si la tiene, no es imprescindible) y a reconocer sus habilidades. Vamos a ponerla en contacto con la realidad para que se emocione y sienta la necesidad de descubrir más sobre algo en concreto. Para hacer todo esto, es importante que experimente situaciones diversas y que conozca a personas diversas. Realizar estancias fuera de casa, campos de trabajo y voluntariados diversos, conocer a profesionales que realizan diferentes actividades laborales, visitar las universidades u otros centros educativos donde podría estudiar y pasearse por allí, ver pelis y series e incidir en las profesiones de los personajes y reflexionar sobre ellas, buscar información sobre las diferentes opciones laborales que tiene... Aprovechar las oportunidades del día a día para reorientar su mirada hacia la importante tarea de descubrir sus intereses y escoger un camino profesional para empezar va a formar parte de nuestros retos.

Cuando acaben los estudios obligatorios, van a tener que escoger una opción para empezar. Actualmente hay muchas opciones disponibles con diferentes grados de dificultad, por lo cual el proceso hasta llegar a la elección debe estar basado en descubrirlas en función de su vocación, sus talentos o sus intereses.

VOCACIONES, TALENTOS E INTERESES

La vocación aparece cuando sentimos un interés genuino por alguna actividad. Ese interés nos empuja a querer aprender más sobre esa actividad. Tener una vocación no es sinónimo de tener talentos para llevarla a cabo. Los talentos son las habilidades que podemos haber desarrollado de forma natural o no y que podemos desarrollar aún más. Talento es la capacidad que tenemos de hacer algo con cierta destreza. Por lo tanto, vocación y talentos no son lo mismo. La vocación puede existir con una falta de talentos y a la inversa. Para orientar formativa y laboralmente a una persona, será útil explorar si dispone de ciertos talentos o si tiene una vocación.

A la hora de escoger una opción formativa y laboral es importante haber hecho este análisis para descartar algunas actividades y acercarnos a aquellas que la persona adolescente que tenemos delante puede realizar con menor probabilidad de abandono.

El abandono muchas veces es sinónimo de frustración y un historial de frustración puede hacer que se rinda. Imaginemos que Candela quiere ser actriz, por ejemplo. Imaginemos que siente la vocación y tiene ciertas aptitudes naturales para dedicarse a esa actividad profesional. Imaginemos que memoriza con facilidad, que se orienta bien en el espacio, que proyecta su voz de forma natural, etc. Imaginemos que también tiene otras habilidades que se necesitan para dedicarse a esa profesión como, por ejemplo, la habilidad de relacionarse con todo tipo de personas, la habilidad de ponerse ante el público sin sentir vergüenza alguna, la habilidad de buscar la atención de las personas que pueden darle trabajo en el futuro, etc. Si sabemos que Candela tiene una vocación y los talentos necesarios para dedicarse a esa actividad profesional, nuestro acompañamiento pasará, sencillamente, por procurar que acceda a esa actividad profesional con la mayor seguridad posible. La animaremos para que desarrolle aún más sus talentos y para que se prepare bien, anticiparemos con ella las diferentes situaciones que se pueden dar en esa profesión y buscaremos la información sobre lo necesario para que pueda entrar en ese mundo laboral de la mejor manera posible. Incluso buscaremos con ella alternativas a la profesión de actriz que tengan que ver también con ese mundo laboral para que tenga en mente otras actividades relacionadas a las que se puede dedicar.

Si, sin embargo, Candela tiene una gran vocación por la interpretación pero no dispone de los talentos necesarios, tendremos otro escenario distinto. En este caso, si la vocación de Candela es muy fuerte, podemos acompañarla para que se prepare bien y desarrolle el máximo de habilidades que va a necesitar para realizar la actividad profesional. Va a tener que esforzarse más y va a tener que vencer muchas resistencias. Imaginemos que Candela es tímida y que le cuesta tolerar la frustración. Si no la acompañamos para que pueda mejorar eso, puede que en mitad del recorrido se rinda. Es importante que podamos prepararla y disponer a su alrededor toda la ayuda necesaria para que pueda sostener todo el proceso.

Ahora imaginemos que Candela tiene mucho talento para la interpretación, pero no tiene vocación. En este caso, aunque veamos que es una comunicadora nata y que tiene los talentos necesarios para convertirse en una gran actriz, si Candela no tiene interés va a ser más difícil que quiera dedicarse a ello. Si Candela tiene interés por otra actividad, vamos a concentrarnos en la que tiene interés y, si está perdida y no sabe qué hacer, podemos exponer sus talentos relacionados con la interpretación por si quiere intentarlo por ahí. En este caso podemos analizar sus talentos y buscar con ella otras profesiones en las que esos talentos sean requeridos para ayudarla a orientarse. Pero ahora imaginemos que Candela no tiene ninguna vocación y tampoco ningún talento visible.

Imaginemos que no hemos podido explorar sus talentos y no sabemos qué se le da bien o qué puede gustarle. Si no hemos tenido la oportunidad de acompañarla para que encuentre aquello que le genera interés para empezar o aquello que se le da bien, podemos optar por otros criterios que también se usan para tomar estas decisiones: el criterio económico, el criterio de proyección social y las preferencias familiares. Si Candela está muy perdida y no sabe qué quiere hacer, puede ayudarnos el partir de los sueldos que se ganan en los diferentes puestos de trabajo, de lo que supone socialmente dedicarse a una cosa u otra, o de las tradiciones laborales que hay en la familia. Utilizar estos criterios no es la mejor opción, pero sí que puede suponer un punto de partida para que empiece por algún lugar. En todos estos casos, Candela puede encontrarse durante su camino con otras cosas que le generen interés y que la hagan decidir cambiar de rumbo. Quizá Candela empiece su carrera de actriz y en el camino, mientras da clases de teatro a adolescentes para ganar un dinero extra, descubre su vocación por el trabajo con personas y acaba estudiando Educación Social en la universidad.

Nunca podemos determinar exactamente qué va a pasar en su futuro profesional, pero sí podemos ayudarlas para que escojan un punto de partida. El mensaje que debemos darle a Candela va en la línea de eliminar al máximo la presión que puede sentir al tomar esa decisión. También es importante utilizar el criterio de realidad. Esto quiere decir que, si Candela tiene muchas dificultades para aprobar y va sacando los cursos con mucho esfuerzo, puede que haya ciertos estudios a los que no pueda acceder. A veces la adolescencia se hace expectativas que están muy lejos de su realidad, ayudarlas a ajustar sus expectativas o crear con ellas un recorrido alternativo para conseguir lo que quieren va a ser la mejor opción para evitar que abandonen a medio camino.

RECAPITULANDO

Para ayudar a una persona adolescente a orientarse laboralmente hay que tener en cuenta que…

1. … es importante que tenga la oportunidad de explorar diferentes opciones, anticipar e imaginarse en ellas antes de tomar la decisión.

2. … la motivación es clave para sostener el proceso previo a la entrada en el mundo laboral.

3. … ayudarla a finalizar los estudios obligatorios implicará analizar sus hábitos de estudio y proporcionar las ayudas necesarias para que pueda sostener cada curso y desarrolle la autonomía necesaria para conseguirlo sola.

4. … es importante preparar el cambio de ciclo, mantener el contacto con su centro educativo, ayudarla a organizar su espacio de estudio y acordar el tiempo y condiciones para el estudio y el ocio.

5. … vamos a promover que se sienta capaz y que visualice claramente las recompensas a corto y largo plazo que tiene su esfuerzo.

6. … vamos a analizar sus talentos, ayudarla a encontrar su vocación, si la tiene, y escoger una o varias opciones formativas.

7. … nos concentraremos en reforzar las habilidades necesarias para que pueda sostener el proceso formativo relacionado con la actividad profesional que ha escogido.

ACOMPAÑAR LAS RELACIONES

Ya sabemos que las personas adolescentes siempre están con alguien, comunicándose con alguien o pensando en alguien. Las amistades son uno de los ejes centrales de la etapa. Por ellas se van a mover y a causa de ellas se van a esconder. Para asegurarnos de que sus amistades cumplen las funciones necesarias para convertirse en relaciones favorables a su desarrollo, vamos a tener que recordar el punto en el que hablamos de las funciones y características de las relaciones significativas, en la tercera parte de este libro.

Para tener la oportunidad de detectar estos aspectos necesitaremos ver cómo se relacionan y, para ello, va a ser imprescindible que, aunque no te gusten sus amistades, puedas tenerlas cerca. Si quieres acompañar a Candela para que sus amistades crezcan, para que aprenda a poner límites y pueda tener relaciones saludables en esta etapa y en su vida adulta, es vital que no prohíbas que se relacione con las personas con las que se relaciona. En su lugar, es importante que hagas reflexionar a Candela sobre las conductas de sus amistades, sobre lo que hacen o dicen. Más que darle un discurso sobre lo que está bien o lo que está mal de lo que hacen o dicen, lo que te ayudará, si quieres que desarrolle el pensamiento crítico, la capacidad de detectar las conductas desajustadas y de decidir qué relaciones son buenas para ella y cuáles no lo son, es provocar que piense sobre lo que las personas hacen o dicen a su alrededor y sobre el resultado que tiene lo que hacen o dicen esas personas con las que se relaciona. Si prohíbes una relación es muy probable que Candela siga relacionándose con esa persona de forma clandestina y que te mienta en el proceso para que no interfieras.

Te interesa tener la información, si le das la espalda a la realidad, perderás la oportunidad de acompañar lo que pasa porque ni siquiera sabrás que existe. Por ejemplo, si has observado que Alba, la amiga de Candela, saca malas notas, habla de dejar el instituto y de ponerse a trabajar cuando deje las clases, es más importante fomentar que Candela piense qué puede pasar si lo hace (qué tipo de trabajo va a poder encontrar Alba si deja las clases sin formación cualificada, a qué sueldos va a aspirar, dónde va a vivir sin demasiados recursos, etc.) que darle un discurso a Candela sobre lo mal que lo está haciendo Alba y lo fatal que le va a ir, porque Alba no lo está haciendo mal, solo está desorientada y es adolescente. Probablemente, Alba necesite ayuda y no la esté obteniendo.

Así que, si consigues que Candela reflexione sobre la vida que puede esperarle a su amiga si toma esa decisión, quizá consigas que sea la misma Candela la que aconseje a Alba descartar esa decisión. Recuerda que las amistades nos ayudan a regular nuestras emociones y nuestra conducta, es más fácil que consigas que Candela ayude a su amiga que consigas que Candela deje de verse con su amiga.

También es más probable que puedas ayudar a la amiga de Candela si la tienes cerca y te tiene como una persona de referencia. Las personas adolescentes de tu vida son Candela y sus amistades, no solo Candela. Todas son adolescentes de tu vida, incluso las que no están en la vida de Candela, incluso las que identificamos como «malas compañías», porque muchas adolescentes no disponen del entorno necesario para desarrollarse como necesitan y una persona adulta que les preste atención y se preocupe por ellas puede marcar la diferencia. Para tener acceso a sus relaciones es importante que no juzgues a sus amistades, que te muestres colaborativa y te ofrezcas para ayudarlas con lo que necesiten (llevarlas a un concierto, ayudarlas a preparar una fiesta, procurar que pasen las vacaciones con vosotras, etc.), que propongas actividades que sepas que les van a gustar y promuevas su realización (puedes encargarte de hablar con las otras familias y acompañarlas tú para mayor seguridad, y cosas por el estilo). Es importante que verbalices las conductas de sus amistades que te parecen adecuadas y que destaques las características que te gusten de ellas (su sonrisa, su pelo, su simpatía, etc.). Si te muestras disponible para sus amistades y te conviertes en una persona de referencia para ellas, será más fácil que puedas acompañar a Candela con lo que le vaya sucediendo en su esfera social.

Es interesante que procures oportunidades diversas para que pueda tener amistades de diferentes entornos, que no se centre solo en un grupo. Estar cerca de sus amistades te ayudará a detectar lo que no funciona en sus relaciones y a intervenir para que mejore lo que es necesario mejorar. Más adelante encontrarás algunas pautas para tratar el tema de las relaciones de pareja, cuya intensidad puede desorientar en esta etapa.

ACOMPAÑAR LAS
RELACIONES FRATERNALES

Lo más importante cuando tenemos a varias personas en desarrollo en casa, compartan o no el mismo momento de su ciclo vital, es dedicar a cada una un espacio bien diferenciado y evitar al máximo las comparaciones. Comparamos mucho sin darnos cuenta, así que habrá que estar atenta para hacerlo lo menos posible.

Es importante destacar las potencialidades de cada una y verbalizar cómo pueden complementarse la una a la otra. Disfrutar de momentos únicos con cada una va a ayudarnos a mejorar en las respectivas relaciones y nos va a permitir cubrir las necesidades de cada una como cada una necesita. Es importante fomentar la colaboración en la organización de actividades conjuntas, la decisión de aspectos diversos en casa y pedir las opiniones de cada una de ellas por separado, escucharlas y verbalizar los puntos fuertes de cada una de ellas.

Por ejemplo: «Respecto a las vacaciones, me ha gustado la idea de Candela de que vayamos a la playa, pero es cierto que, como dice Alba, llevamos tres años yendo a la playa a pasar unos días. ¿Qué podemos hacer con esto?». Valorar sus opiniones y extraer los puntos fuertes de cada una es importante, sobre todo en esta etapa tan autocentrada. Debemos procurar que se sientan valoradas por lo que cada una es, que sientan que cada una tiene un lugar especial y único, y que sus opiniones se tienen en cuenta. Fomentar que se ayuden entre ellas les permite desarrollar su autonomía, y promover que realicen actividades conjuntas puede ayudarlas a fortalecer su vínculo y a mejorar su relación, aunque a veces les cueste aceptarlo. Esta es una buena razón para buscar un acuerdo. Deben empezar a resolver solas sus conflictos y puede servir darles un tiempo concreto y restringido para hacerlo, tras el cual supervisemos el resultado. No podemos evitar los conflictos, forman parte de las relaciones, pero sí podemos acompañarlos con el fin de que sean oportunidades para aprender y para que la relación crezca. Mira el conflicto como una oportunidad para darles a cada una su sitio, para recordar las potencialidades de cada una y para permitir que desarrollen sus habilidades sociales.

RECAPITULANDO

Para acompañar las relaciones de amistad debemos…

1. … tener presente que las personas adolescentes siempre están con alguien, comunicándose con alguien o pensando en alguien.
2. … analizar si se cumplen las características de las relaciones significativas.
3. … estar cerca de sus amistades y mostrarte disponible para ellas.
4. … hacerles reflexionar sobre sus conductas y las conductas de sus amistades.
5. … mostrarnos colaborativas.
6. … proponer actividades que tienen relación con sus intereses.

En las relaciones fraternas debemos…

1. … dar a cada una un espacio propio.
2. … pasar tiempo con cada una de forma individual.
3. … evitar las comparaciones.
4. … destacar las potencialidades de cada una.
5. … permitir que resuelvan sus conflictos.
6. … fomentar que organicen actividades conjuntamente.
7. … pedir su opinión y remarcar los puntos fuertes de las opiniones de cada una.
8. … promover que se ayuden entre ellas.

ACOMPAÑAR EL DESARROLLO DE LA IDENTIDAD

Las personas adolescentes desarrollan su identidad en contacto con sus iguales y con el mundo. Todo aquello con lo que entran en contacto tiene el potencial de hacer saltar la chispa de la curiosidad. Todo lo que les genera interés puede convertirse en parte de ellas mismas, al menos, durante una temporada.

Para acompañar el desarrollo de la propia identidad vamos a apoyarnos en cuatro verbos muy importantes. El primero de ellos es *explorar*. Conviene recordar que estamos ante un proceso de exploración que implica probar, sentir, descartar y afianzar. Eso quiere decir que Candela puede mostrar curiosidad, interés y afinidad por muchas cosas diferentes durante la etapa, a la vez que rechaza muchas otras, hasta que encuentra aquello con lo que se siente cómoda y con lo que se identifica. Mantener la calma y hacer acopio de toda nuestra paciencia va a ser necesario. Te invito a ver este proceso como la forma de conocer a la Candela que está construyéndose ante ti, que te contagies de la curiosidad adolescente y vivas su proceso con ilusión, te guste o no lo que escoja en cada momento. Cada adolescente tiene su propio ritmo en este proceso y es habitual que detectes en él momentos de contradicción. Es decir, puede que veas a Candela cambiar de un estilo a otro muy diferente en poco tiempo, que deje de identificarse con algo con lo que hasta ahora se identificaba, que deje de defender cosas que hasta ahora defendía y empiece a defender otras, que pruebe estilos de vida que nunca le habían llamado la atención o haga cosas que nunca había hecho hasta el momento. Puede que Candela, que hasta el momento había bailado danza clásica, quiera probar con el boxeo, de repente, y dejar la danza. Puede que un buen día verbalice que quiere ser vegetariana. En esos momentos vas a tener la oportunidad de practicar el arte de llegar a acuerdos. Permitir que explore, experimente, busque, curiosee y facilitar que se encuentre con lo que le emociona y la mueve va a ir siempre a favor de este proceso.

El segundo verbo importante es *observar*. Vamos a observar atentamente las opciones que va escogiendo y los cambios que hace para identificar los diferentes estadios por los que pasa. Muchos de ellos serán temporales y otros se mantendrán y/o evolucionarán hasta que formen parte de Candela. Las amistades y las personas que admira tienen mucho que ver en este proceso, por lo que es de gran utilidad conocerlas y estar actualizada sobre ellas para detectar la fuente de sus influencias. Cuando Candela manifieste que quiere probar algo, haremos uso de la anticipación, que ya conoces, para que antes de tomar la decisión pueda tener delante toda la información sobre las diferentes opciones que tiene.

Durante la etapa, tras el proceso de anticipación, deciden no seguir adelante con muchas demandas de este tipo que antes de anticipar querían probar. Es importante que acojamos sus demandas y que nunca demos un «no» inmediato por respuesta. Si Candela verbaliza algo de lo que no tienes ni idea, respira, pídele que te lo explique y buscad juntas información sobre el tema. Muestra interés y utiliza el tercer verbo imprescindible en la etapa: *validar*. Validar su exploración, la manifestación del desarrollo de su identidad, las opciones que escoge y con las que se siente vinculada implica reconocer y aceptar su individualidad. No le digas cosas como: «Es que cada dos por tres quieres una cosa diferente», «Es que no tienes personalidad, haces lo mismo que tus amigas», y cosas por el estilo. En su lugar, te será útil preguntar de dónde ha recibido la inspiración, pedir que te enseñe lo que quiere hacer o probar, verbalizar que le sienta bien lo que está probando, aprobar sus opciones o mostrar atención sobre su centro de interés en este momento. Vas a encontrar muchos momentos para practicar el arte de tirar del hilo y de generar reflexión. Todo eso va a ayudar mucho a su autoestima y a la imagen que está desarrollando de sí misma.

El último verbo importante es *sostener*. Cuando Candela empiece a probar cosas, algunas no le van a gustar y le van a hacer sentir mal. Ayudarlas a sostener lo que experimentan y lo que les hace sentir lo que experimentan va a ser una de las misiones principales. A veces se habrán vestido de una forma con la que no hayan estado cómodas, o se habrán teñido el pelo de una forma que no les haya gustado, habrán probado un deporte con el que no hayan conectado, o conocido a alguien que creían que les iba a gustar y que no les ha gustado. En todo lo que pueda pasar en este proceso, es importante que podamos ayudarlas a sostener y dar significado a lo que sienten para que puedan integrarlo en su historia de vida como una experiencia de aprendizaje.

Recordarles en este punto las opciones alternativas que tienen es una buena idea para orientarlas hacia la acción después de elaborar la experiencia desagradable. Debemos poner especial atención en el proceso de desarrollo de la identidad a los procesos migratorios, las adopciones, las pérdidas significativas o la exploración de la identidad de género. Las personas adolescentes que inician un proceso migratorio en la adolescencia, o cuyas familias realizaron un proceso migratorio en el pasado, pueden acusar en esta etapa ciertas dificultades para encontrarse entre su cultura de origen y la cultura del país de acogida.

Otra de las situaciones que merecen mención especial cuando hablamos de la búsqueda de la propia identidad en esta etapa son las adopciones. Las adolescentes que han sido adoptadas pueden tener inquietudes y plantear situaciones relacionadas con su familia biológica. Algunas no lo verbalizan, pero no quiere decir que no se estén haciendo preguntas, por lo cual hay que estar atentas, acoger sus dudas si aparecen y atender sus demandas.

Perder a personas importantes en esta etapa puede impactar enormemente en el desarrollo de su identidad. Los procesos de duelo pueden complicarse en la adolescencia por las características de la etapa. Si Candela pierde a una madre, un padre, abuela… o personas importantes en su vida, ese vacío va a estar lleno de preguntas y de un proceso de resituación: «¿Quién soy si ya no soy la hija de, la nieta de, la hermana de?». Debemos poner especial atención en atender las necesidades del proceso de pérdida para que el duelo se pueda transitar de la mejor manera posible.

Las adolescencias actuales vienen explorando ya el concepto de género y pueden identificarse con diferentes opciones. Todas las opciones deben respetarse. En estos casos, ayuda buscar información conjuntamente sobre lo que significa identificarse con uno u otro sentir.

También es útil preparar a Candela para que pueda hacer frente a lo que supone su realidad, proporcionarle recursos para integrar las experiencias que pueda tener a partir de ahora y evitar que se sienta desplazada o discriminada. Otra de las circunstancias que más pueden descolocarnos de su búsqueda es el descubrimiento de la orientación sexual y su iniciación a las relaciones sexuales. Sobre todas las realidades debe imperar el respeto absoluto, debemos esperar a que nos comunique la suya cuando Candela se sienta preparada, sin forzar que nos lo cuente, aunque lo descubramos antes, y tratar ese momento con toda la naturalidad posible.

ACOMPAÑAR LA SEXUALIDAD

Acompañar la sexualidad es todo un reto. En primer lugar, porque no sabemos cómo ponernos. En segundo, porque querríamos no tenernos que poner. En tercero, porque ellas preferirían que no nos pusiéramos.

Candela siente una vergüenza monumental cuando nos ve haciendo esfuerzos para hablar con naturalidad de algo de lo que no habíamos hablado hasta el momento, o de lo que habíamos hablado poco, de forma superficial o refiriéndonos a otras personas. Nos cuesta aceptar que pueda tener relaciones sexuales y hablar de un tema tan íntimo y que toca prácticamente todas las teclas delicadas de la adolescencia. La vergüenza intensa suele tocar la tecla de la agresividad y Candela puede soltarnos alguna que otra fresca, de esas que nos suelen dejar a cuadros.

La falta de naturalidad y el apuro con los que las personas adultas solemos afrontar estos momentos suelen tocar las teclas de varias características del pensamiento adolescente. Depende de cómo abordemos el tema, Candela puede mirarnos como diciendo: «¿Qué me estás contando?», «Anda, no me ralles», «Si sé más yo que tú», «A mí no me va a pasar», «Yo paso de eso», «Que ya lo sé» y otras cosas por el estilo que nos ponen nerviosas o nos hacen sentir tristes.

Hay que tener en cuenta que se suele abordar el tema de repente, sin haberse preparado para ello, cuando queda al descubierto la funda de un preservativo debajo de su cama o en la papelera del baño. O cuando sueltan a bocajarro que quieren ir a la ginecóloga. O cuando son descubiertas *in fraganti* al abrir la puerta de su cuarto sin piedad, ahí la realidad nos da de bruces y nos deja congeladas. Se suele empezar a hablar de sexualidad demasiado tarde. Como si el hecho de no hablar de ello pudiese hacer que no se iniciasen o se iniciasen lo más tarde posible.

Se suele hablar de sexualidad con ellas en lenguaje adulto, lleno de discursos, advertencias, peligros y olvidamos hablar del placer, de la intimidad, del respeto, del consentimiento, de los juguetes sexuales, de las diferentes opciones en las que pueden sentirse cómodas. No se usa su lenguaje, el lenguaje de las adolescentes del siglo XXI, y ellas intentan acabar con la conversación lo antes posible.

No hay una manera estándar para abordar el tema de la sexualidad con las personas adolescentes, más si la sexualidad no se ha ido incorporando ya a las conversaciones familiares desde siempre con naturalidad. Es importante abordar el tema con el menor énfasis posible, de forma breve, dejando claro que es algo natural, manteniendo a raya lo máximo posible tus emociones de susto y/o tristeza y/o sorpresa y dejando claro que estás disponible para ellas si tienen cualquier duda y necesitan tu apoyo para lo que sea.

Aunque cueste y quieras decirle mil cosas, respira, recuerda el mantra, no es personal, es cerebral y evita los dramas. Si lo necesitas, déjate ayudar, cuidar, habla con alguien que pueda acompañarte. Es un momentazo y es natural que tú también sientas intensamente, no tienes por qué pasarlo sola.

Deja información a su alrededor sin hacer explícito públicamente que es para ellas (libros, revistas, documentales, etc.). Puedes darles opciones externas al núcleo familiar para que se informen, como teléfonos de centros/

profesionales donde puedan acudir si lo necesitan y les da vergüenza acudir a vosotras. Puedes fomentar debates en torno a temas relacionados con las relaciones, la orientación sexual, el sexo, para que Candela pueda reflexionar en voz alta y posicionarse sin sentir que estamos hablando de ella. Escuchar en esos momentos nos da mucha información relevante y nos ayuda a acompañarla como necesita.

ACOMPAÑAR
LA VIDA DIGITAL

Acompañar la vida digital de las personas adolescentes es imprescindible. Lo que viven en Internet puede provocarles emociones intensas e impactar en su autoestima, en el desarrollo de su identidad y causar grandes estragos en sus vidas.

Se suele decir que la mejor edad para entregarles el primer móvil es cuando estén preparadas. Si hiciésemos eso no lo entregaríamos nunca y mucho menos en un momento tan complejo del desarrollo como es la adolescencia. No se pueden preparar solas para entender un dispositivo tecnológico y utilizarlo de forma segura, y menos cuando las funciones cerebrales necesarias para entender y usar adecuadamente ese dispositivo todavía se están desarrollando.

En mi opinión, la mejor edad para iniciarse en el uso de los dispositivos y las redes sociales es cuanto antes, y la mejor manera de iniciarse es con una persona adulta que les presente el mundo digital y las acompañe paso a paso en el proceso de aprender a moverse en él. Las palabras «seguridad», «verificación», «privacidad» y «contrastar» deberían empezar a formar parte del vocabulario familiar desde el primer momento en el que se las pone delante de un dispositivo de acceso a Internet. Deberíamos haber introducido de forma progresiva durante su infancia los diferentes conceptos imprescindibles para usar la red y haber incidido en la importancia de realizar ciertas acciones cuando buscamos información o utilizamos las redes sociales.

Prepararlas para el uso consciente de la tecnología es básico teniendo en cuenta que la tecnología va a formar parte de nuestras vidas y va a estar cada vez más presente. Si no hemos hecho esta preparación durante su infancia y, sin embargo, cuando cumplen una cierta edad, les damos el dispositivo sin haber seguido un procedimiento para que aprendan a usarlo, les estamos dando acceso a un mundo lleno de riesgos con gran potencial para afectar su desarrollo sin que dispongan de los recursos necesarios para hacerle frente. Igual que no se nos ocurriría darle a Candela un coche sin haber pasado por un proceso de preparación, lo mismo debería existir para iniciarse y mantener una vida digital saludable.

Si queremos acompañarlas para que entiendan lo que supone utilizar un dispositivo con acceso a Internet y desarrollar hábitos de higiene digital, debemos introducir los dispositivos, la navegación por Internet y las redes sociales de forma paulatina y nunca entregar el dispositivo personal sin tener la seguridad de que ya han desarrollado algunos hábitos de uso seguro del mismo. Te hago una propuesta para que el móvil se integre de forma segura en su vida y te doy algunas pautas para que puedas supervisar y poner límites a su uso si es necesario.

EMPIEZA EL PERÍODO DE PRUEBA

Cuando nos encontramos ante un artilugio complejo y potencialmente peligroso debemos aprender a manipularlo antes de hacer uso de él. El móvil, la tableta, el ordenador personal son dispositivos mediante los cuales accedemos a una cantidad infinita de información audiovisual sin restricciones, con lo que eso supone para las personas que están en desarrollo. Discernir entre la información real y la falaz no es tarea sencilla. Detectar los peligros y protegerse de ellos es un reto incluso para las personas adultas.

En la adolescencia, la enorme curiosidad distintiva de la etapa, la dificultad para anticipar los riesgos, la necesidad de significarse y socializar lejos de la familia, y otras muchas características de este momento del ciclo vital dificultan la autoprotección y la solicitud de ayuda. Como ya conocemos ese gran proverbio que nos indica que «Un gran poder conlleva una gran responsabilidad», no podemos entregar el dispositivo hasta que estemos seguras de que se han entendido una serie de precauciones que hay que tomar cuando se tiene acceso a ese gran poder. Por lo tanto, antes de entregar el dispositivo, se va a dedicar un período de tiempo mínimo de un año a aprender a usarlo y a desarrollar los hábitos de uso. Este período de prueba está dividido en dos fases.

La primera fase dura seis meses y se lleva a cabo una supervisión continuada del dispositivo. En esta primera etapa se adquiere el dispositivo con Candela (puede incluso escogerlo ella), aunque aún no va a tenerlo a disposición libremente. Se redacta un contrato mediante el cual se explicita que el dispositivo le será entregado al pasar el período de prueba y tras demostrar que conoce las estrategias para usarlo con seguridad. A la firma del contrato se explica en qué consistirá el período de prueba. La primera fase del período de prueba implica dedicar un rato cada día o cada semana a acceder a Internet a través del dispositivo conjuntamente con Candela. En esta fase se van a trabajar cada uno de los aspectos importantes relacionados con la vida digital. Vamos a hablar de la seguridad del dispositivo, de las aplicaciones de supervisión, vamos a bajar una red social y a abrirnos un perfil conjunto con Candela, etc. En este punto vamos a reflexionar con ella sobre los datos que nos piden, los que debemos hacer constar y los que no (sin especificar la dirección postal o el teléfono), el tipo de foto de perfil que vamos a poner (sin mostrar la cara), el tipo de información que vamos a permitir que sea pública en el perfil (nunca incluir la edad, la fecha de nacimiento o el municipio de residencia). Subiremos contenido a las redes con Candela y reflexionaremos sobre el tipo de contenido que estamos subiendo, por qué subimos ese contenido y qué filtros debe pasar un contenido para poder ser publicado. Los filtros podemos decidirlos con Candela, para hacer más participativa y vinculativa la experiencia, o bien decidirlos nosotras. Si los decidimos con ella, nos aseguramos de que reflexiona sobre por qué no se debe publicar cierto tipo de contenido. El contenido que se sube no debe permitir, por ejemplo, averiguar fácilmente el centro educativo al que va, la calle en la que vive, sus horarios y otros datos que permitan que se la localice fácilmente. Tampoco deberían subirse fotos en las que quedara al descubierto la totalidad o partes determinadas de su cuerpo. Reflexionaremos con Candela sobre las fotos que podemos enviar y las que no a las personas con las que nos relacionamos. Ahí uno de los filtros podría ser, por ejemplo, no enviar fotos sin ropa en las que se pueda reconocer su rostro o alguna parte concreta de su cuerpo.

Cuando visitemos una web, vamos a introducir temas de seguridad como la verificación de la página con el candado, asegurarnos que es una dirección https, buscar referencias de la persona u organización que se esconde tras esa web, acercarlas al concepto de las *cookies* y la privacidad, etc. En esta primera fase del período de prueba se trata de que dediquemos un rato cada día a navegar con Candela por Internet a través del dispositivo que será suyo en un futuro, incidiendo en los diferentes aspectos importantes para poder hacer un uso lo más seguro y responsable posible. Al final de esta primera fase del período de prueba, se puede hacer una prueba a Candela. En esa prueba Candela tiene que poder explicar cómo se aseguraría de que la información de esa página web es fiable, qué información debería incorporar al abrirse una cuenta en redes sociales, qué información debería constar públicamente en su perfil y qué tipo de contenido debería publicarse, por ejemplo.

Si Candela pasa esa primera fase, llegamos a la segunda fase. Candela estará más cerca de tener acceso a su dispositivo por ella misma, se pondrá en valor su esfuerzo durante la primera fase del período de prueba y se pasará a la segunda fase. En esta segunda fase, que durará seis meses más, se entrega a Candela el dispositivo para que haga uso de él varias horas al día. Al acabar el día, Candela hace entrega del dispositivo y se revisa la información que hay en él conjuntamente con ella. Se reflexiona sobre el uso que se ha hecho de él y se acuerdan las modificaciones de uso si es necesario mejorar alguna conducta digital. Candela todavía no dispone de uso libre del dispositivo y debe entregarlo tras hacer la revisión.

Una vez superados los seis meses de esta segunda fase, Candela debe pasar otra prueba relacionada con los conceptos que ya ha ido aprendiendo. Si se determina que Candela está preparada para usar sola el dispositivo, se hará entrega de él y se redactará un nuevo contrato educativo que recoja los acuerdos relacionados con los límites de uso (tiempo de uso, dispositivo fuera del dormitorio por las noches, supervisión periódica de algunas aplicaciones, etc.).

A partir de la entrega del dispositivo es importante ejercer una supervisión periódica sobre su uso. En el período de prueba vamos a ayudarlas a desarrollar medidas de higiene digital para moverse *online* con un dispositivo que nosotras les vamos a procurar, nosotras decidimos cuándo se lo damos, nosotras decidimos cuándo están preparadas. Cuanto antes se empiece a acompañar para el uso más responsable de los dispositivos, mejor preparada estará Candela para empezar su vida digital.

Es importante recordarle siempre que lo que no se atrevería a hacer en su vida en presencial, no debería hacerlo tampoco en su vida digital. Esta es una gran frase para colgar en el tablero de anuncios. Si han usado tu dispositivo antes o tienen el suyo propio y hemos llegado tarde para el período de prueba, a continuación tienes algunas pautas para acompañar su uso y evitar el abuso.

SI YA TIENE EL DISPOSITIVO Y HEMOS LLEGADO TARDE PARA EL PERÍODO DE PRUEBA

Si ya tiene el dispositivo y hace uso libremente de él, es importante que, al menos, protejamos algunos espacios para ayudarlas a tener una vida digital más segura. Los dispositivos deberían pasar la noche fuera de los dormitorios y el wifi debería apagarse a la hora de dormir. Deberías poder desactivar el modo incógnito de los dispositivos y acordar que el historial de búsqueda no se elimine. Para asegurar que se protegen los espacios de descanso y de estudio, además de dejar el móvil fuera del dormitorio, es importante que los ordenadores personales y consolas estén en espacios públicos de la casa. Otra de las cosas que puedes acordar es no descargarse nada en el dispositivo y, por supuesto, no realizar compras a través de Internet sin previa supervisión.

LOS VIDEOJUEGOS SON BUENOS

Los videojuegos son maravillosos si conoces su uso, identificas su abuso, entiendes su valor educativo y aprendes a utilizar todo su potencial. Como ya sabrás, los videojuegos suelen ser fuente de conflictos en esta etapa. Es importante conocer el mundo de los videojuegos e identificar los contenidos poco recomendables. También lo es determinar si las personas adolescentes de tu vida pueden estar abusando de los videojuegos.

En mi experiencia, las familias suelen crearse una opinión negativa de los videojuegos porque desconocen los tipos de videojuegos que existen, su cultura y su historia. También desconocen los síntomas que pueden indicar un posible abuso y suelen desconocer el valor educativo de los videojuegos, es decir, qué puede aportar al desarrollo de las personas adolescentes el pasar tiempo jugándolos. Las familias no saben cómo utilizarlos para que sumen al desarrollo de las personas adolescentes y no se conviertan en un obstáculo para su transición a la vida adulta.

Lo que suele impedir que las familias se acerquen a los videojuegos es, principalmente, el miedo. Es habitual que prohíban sistemáticamente su uso por miedo a que se enganchen y se vuelvan «adictas», dejen de lado sus tareas académicas, baje su rendimiento académico, se vuelvan violentas y hagan daño a alguien o a sí mismas, dejen de lado su vida social y se queden sin amistades, descuiden la alimentación, el ejercicio y enfermen.

Es importante que conozcas el tipo de videojuegos que existen y cuáles les gustan más a Candela. Verás que no todos tienen la violencia como tema principal y que son superartísticos, creativos y educativos.

Los videojuegos son buenos para las adolescentes porque se ponen en marcha procesos cognitivos relacionados con la toma de decisiones, la atención, la memoria, la percepción, la orientación, el lenguaje o la resolución de conflictos. Se plantean situaciones que las ayudan a entender y desarrollar la asertividad y la empatía. Se plantean situaciones que las ayudan a conocer y entender las emociones. Facilitan la socialización y les permiten reforzar las relaciones que ya tienen y conocer a personas nuevas. Con esto último hay que vigilar y asegurar que la persona que conocen es quien dice ser. Se desarrollan la imaginación y la creatividad, a la vez que te permiten observar cómo reacciona Candela ante la frustración y pensar qué puedes hacer para mejorar su nivel de tolerancia a la frustración. Te permiten conocer a sus amistades, observar cómo se relaciona con ellas y detectar lo que puede mejorar en sus relaciones. Te permiten observar su reacción ante las distintas situaciones y acompañarla para que pueda regular las emociones que le provocan. Ya ves que si das la espalda a los videojuegos dejas escapar una maravillosa posibilidad de acercarte, conocer y acompañar a las personas adolescentes de tu vida. Eso no quiere decir que todo valga y que puedan dedicar todas las horas del día a jugar, de cualquier forma y sin ningún tipo de supervisión. Quiere decir que, si sabes utilizarlos, los videojuegos suponen una gran herramienta en la tarea de educar y acompañar a las personas adolescentes de tu vida. Solo tienes que ponerle voluntad y aprender a hacerlo. Además, ¡son muy divertidos!

Para detectar un abuso, es importante que observes que Candela socializa y se relaciona más allá de ellos, que sale de casa para asistir al instituto, realizar actividades de ocio y/o actividades extraescolares. Observa que cuida su higiene y que atiende su alimentación. Si no se cumple lo anterior, es importante que busques ayuda de una profesional que pueda analizar y valorar lo que está sucediendo. Si Candela deja de socializar, de relacionarse con la familia o con sus amistades, de salir de casa para atender a sus obligaciones o para realizar actividades en su tiempo libre, si detectas que ha dejado de cuidar su forma de vestir o ha descuidado su higiene o si come a deshoras comida rápida y procesada y abusa de las bebidas energéticas, ahí tenemos una posible situación de alerta.

Si los videojuegos forman todo su mundo y solo se preocupa de ellos y olvida el resto de las áreas de su vida, debemos preocuparnos. Si solo habla de videojuegos, solo juega a videojuegos en su tiempo libre, etc., hay que vigilar. Aquí hay que distinguir entre si tenemos delante a una persona virtuosa de los videojuegos, que las hay y ganan mucho dinero a edades tempranas (son las estrellas de deportes electrónicos, las «Messi» de los deportes electrónicos, vaya) o ante una adolescente que abusa y está perdiendo la perspectiva. Esto existe, si las personas adolescentes de tu vida son buenas en los videojuegos, puede ser una salida profesional como cualquier otra.

Si detectas cambios de conducta que tienen que ver con una euforia desajustada por el hecho de estar jugando cuando está jugando y solo cuando está jugando, o muestra un nivel de excitación superior al que muestra realizando cualquier otra actividad y que no ha mostrado antes, exploremos qué pasa por ahí. Si cuando no están jugando se muestran irritables, malhumoradas, ansiosas y repiten que quieren jugar con frecuencia o manifiestan que quieren acabar con la actividad que sea que están realizando para jugar, exploremos qué pasa por ahí.

Existen muchas estrategias que te permiten acompañar a las personas adolescentes de tu vida en el uso de los videojuegos. Lo primero es informarte sobre la materia y desarrollar cierta motivación para entrar en el juego y pasarlo bien con Candela. Te será útil habilitar un espacio en casa para el juego donde puedan reunirse con sus amistades y donde pueda jugar toda la familia. También te ayudará interesarte por los juegos que le gustan y comprar juntas los juegos que jugaréis juntas y los que jugará con sus amistades. Jugar con ella y que te presente parte de su mundo va a marcar la diferencia.

RECAPITULANDO

Para acompañar el desarrollo de la identidad debemos...

1. ... facilitar que exploren, busquen, prueben y descarten evitando negarnos de entrada si hacen una propuesta.
2. ... hacerlas pensar sobre lo que implican sus demandas y anticipar.
3. ... recordar que, mientras desarrollan su identidad, se dan momentos contradictorios.
4. ... observar las opciones que escogen y detectar su fuente de inspiración.
5. ... validar las opciones que van explorando.
6. ... sostener lo que van a sentir y lo que va a pasar en el proceso de desarrollo de su identidad.
7. ... poner especial atención a los procesos migratorios, las adopciones, las pérdidas significativas o la exploración de la identidad de género, el descubrimiento de la orientación sexual y su iniciación a las relaciones sexuales.
8. ... acompañar la sexualidad desde la naturalidad, de forma colateral, con conversaciones breves orientadas a la reflexión y/o la resolución de problemas concretos, facilitando información de forma discreta y ofreciendo referentes adultas alternativas para que puedan resolver dudas si les da vergüenza hacerlo con nosotras.
9. ... recordar que lo que viven en Internet puede provocarles emociones intensas e impactar en su autoestima, en el desarrollo de su identidad y causar grandes estragos en sus vidas.
10. ... preparar conscientemente, y cuanto antes mejor, el

acceso a Internet y el uso de dispositivos móviles antes de entregar el dispositivo personal (puedes usar el período de prueba).

11. ... llegar a acuerdos sobre los límites de uso de los diferentes dispositivos.

12. ... conocer los beneficios, los riesgos de los videojuegos y aprender sobre ellos para poder acompañar su uso y detectar su abuso.

ACOMPAÑAR LAS EMOCIONES

El proceso de desarrollo de la identidad, el descubrimiento de la sexualidad, todo lo que pasa en redes sociales, lo que vive con las amistades y la familia, van a disparar sus emociones. Candela va a estar expuesta cada día a muchas emociones que no puede regular sola todavía y que tienen el potencial de empujarla a hacer cosas que no puede controlar.

Las emociones van a aparecer en momentos relacionados con la experimentación de su identidad, con sus amistades, con otras iguales, con la familia, con su sexualidad, con su vida académica, con su vida digital... Todo puede ser intenso y tiene la capacidad de impactar en los diferentes entornos en los que se desarrolla. Si observas que Candela está experimentando emociones muy intensas, no va a poder razonar hasta que recupere la calma y puede haber riesgo de que la emoción la secuestre. En este momento es importante que nos concentremos primero en ayudarla a calmar la intensidad de la emoción dándole el espacio necesario para que pueda hacerlo. Si no la ayudamos o le damos el espacio necesario para que la emoción baje de volumen, no vamos a poder hablar con ella.

Si observas, por ejemplo, que Candela está triste, pero desconoces el motivo, puedes decirle que has observado que está triste. No hace falta que le preguntes por qué, solo dile que lo has observado y que es natural estar triste a veces por situaciones que hemos vivido y que nos duelen. Dile que estás ahí para ella si quiere contártelo y, si se anima a hacerlo, escucha sin intervenir.

Es un momento en el que puedes verte tentada a aconsejar, no lo hagas. Escúchala y atiende su demanda, si te pregunta, respóndele. Si solo te cuenta, escúchala y ayúdala a reflexionar sobre la situación. Puedes pedirle que piense en una forma de resolver la situación que la entristece, puedes prepararle algo para beber o comer, puedes sencillamente dejarla sola y quedarte cerca por si te necesita. Tienes muchas opciones, pero todas en la línea de respetar lo que siente, no agobiarla con preguntas y mostrarte disponible. Pregúntale qué necesita que hagas y respeta su necesidad.

Cuando ha pasado algo en lo que no has estado involucrada y que la ha hecho sentirse de una forma determinada y/o hacer algo inapropiado, puedes pedirle que te explique los hechos, lo que ha pasado. Después puedes preguntarle cómo se siente con lo que ha pasado. A continuación, puedes preguntarle qué necesita que cambie de la situación y qué puede hacer ella para cambiarla. Esta secuencia te ayudará, por ejemplo, cuando ha pasado algo en el centro educativo y te llega una notificación, o cuando ha pasado algo con alguna de sus amistades, o en todas aquellas situaciones en las que tú no hayas estado involucrada y donde las emociones hayan provocado situaciones desagradables. Por ejemplo, cuando recibes una nota del centro educativo, en lugar de decirle: «Me han llamado del instituto y me han dicho que has hecho tal cosa», lo cual puede generar una emoción muy intensa que se descontrole rápido, es mejor preguntar: «¿Qué ha pasado hoy en el instituto?», y a partir de su respuesta seguir con la secuencia siguiente: «¿Cómo te has sentido cuando ha pasado eso? ¿Qué necesitas que cambie de la situación en la que estamos ahora? ¿Qué crees que puedes hacer tú para cambiar la situación?». Hay que tener siempre presente que la idea es que reflexione, que piense sobre lo que ha pasado, sobre cómo se siente, sobre lo que ha hecho y lo que puede hacer la próxima vez para que eso no pase o no se sienta así.

Si, en cambio, tú has estado involucrada en la situación que le ha provocado emociones muy intensas, puedes adaptar la misma estructura en cuatro pasos que utilizamos cuando hablamos de los límites. Es importante ser concretas y centrarnos en la relación entre lo que ha pasado, cómo nos hemos sentido cuando ha pasado y qué hemos hecho cuando nos hemos sentido así. Sentirnos de maneras determinadas no justifica algunas cosas que hacemos. Es decir, si Candela ha sentido rabia y te ha insultado, cuando hablemos con ella haremos hincapié en el hecho de que sentir rabia no justifica que le faltemos al respeto a alguien. También la ayudas si tú misma hablas de cómo te sientes y verbalizas lo que haces cuando te sientes así. Por ejemplo: «Hoy he tenido un día muy malo en la oficina y estoy triste, me voy a la piscina a nadar un rato, siempre que lo hago me siento mejor después».

La detección y atención del malestar emocional es una de las cosas más importantes cuando acompañamos esta etapa. Es importante que las emociones formen parte de nuestra comunicación y que lo emocional tenga un espacio en nuestra relación. Las personas adolescentes, que están aprendiendo a regular sus emociones, necesitan que aprovechemos las oportunidades que nos da el día a día para ayudarlas a hacerlo. Necesitan que podamos regular nuestras propias emociones primero para no interferir en su proceso de calmar las suyas. Si nosotras no podemos evitar que nuestras emociones nos impidan actuar en plena posesión de nuestras facultades, no podemos esperar que ellas lo hagan. Recuerda: «No es personal, es cerebral».

Necesitan que les demos espacio para sentir lo que sienten. Que no lo menospreciemos o banalicemos.

Todas las emociones son importantes y, por doloroso que nos resulte verlas sentirse de determinadas maneras, es importante que no intentemos «salvarlas» de sus emociones. Deben encontrarse con ellas. Tienen que existir momentos en los que experimenten tristeza, miedo, rabia, alegría... Si se los evitamos todos, no les damos la oportunidad de hacerlo. Hay que sentir y transitar las emociones para aprender a regularlas.

Cuando les hemos dado ese espacio para encontrarse con ellas, es importante reconocerlas, validarlas y nombrarlas. Validar las emociones haciéndoles saber que sentirse como se sienten es natural es la clave para que las sientan como parte imprescindible de ellas. Debemos respirar y recuperar el control para poder enfocarnos en que consigan calmarse. Cuando se hayan calmado, podremos hablar del tema que ha provocado su reacción emocional. Nos sirve preguntar lo que necesitan que hagamos y darles tiempo a solas para que la intensidad de la emoción baje de volumen. Proponerles alternativas para ayudarlas a calmar la emoción también es una opción. La actividad física o artística, gritar, el humor, el contacto con animales y otras muchas estrategias son muy útiles para ello.

Cuando llega el momento de hablar del tema, es importante generar reflexión sobre lo que ha provocado esa reacción y sobre las diferentes maneras de regular esa emoción para anticipar la próxima. Todas las emociones nos cuentan nuestra historia y nos ayudan a convivir si les damos un significado. Lo que sentimos es útil para conocernos mejor y relacionarnos mejor, aunque no siempre sea agradable sentirlo.

Muchas son las emociones que experimentamos, pero vamos con las básicas, para que tengamos un lugar desde el que empezar a acompañar el recorrido emocional de Candela en esta etapa y podamos explicarle para qué siente lo que siente cuando lo siente.

LA TRISTEZA

La tristeza nos ayuda a identificar nuestro dolor y nos anima a reflexionar sobre nuestra situación. Si Candela está triste, no ayuda decirle: «No llores», «No te lo tomes así», «Tú eres fuerte», «Eso son tonterías», «Es que eres muy sensible», «No debería afectarte eso», «Va, que no es para tanto», «Eres muy dramática», «Tienes la piel muy fina», «Hay que ser positiva» o cosas similares. En su lugar va a ser mucho más apropiado decirle: «Entiendo que estés triste por lo que te ha pasado», «Debe ser muy duro que te haya pasado esto», «Es natural estar triste cuando pasa lo que te ha pasado», «Yo también he estado triste en una situación parecida a la tuya (y aquí explicamos la situación)», «¿Qué necesitas que haga?» «¿Puedo ayudarte a estar mejor?», «Si necesitas hablar, estoy aquí». Que la emoción nos habite, que podamos nombrarla y vincularla con una situación concreta es muy importante para aprender de ella. Nuestra misión es ayudarla a transformar esa emoción en aprendizaje.

LA ALEGRÍA

La alegría nos ayuda a identificar el placer y nos anima a socializar. Cuando Candela está contenta o eufórica no ayuda decirle cosas como: «No es normal estar siempre de buen humor», «Contrólate», «No te flipes», «No te alegres tanto», «Te ilusionas enseguida», «Eres una viva la vida» y cosas por el estilo. En lugar de eso, va a ser más adecuado decirle: «Veo que estás contenta», «¿Qué es lo que te ha puesto tan contenta?», «Me encanta verte sonreír», «Qué bien que estés feliz», «Me contagias alegría», «Me hace feliz tu alegría», «¿Te apetece salir o que hagamos algo?» y otras cosas por el estilo.

LA RABIA

La rabia nos ayuda a identificar la frustración, a defendernos de un ataque y a liberar energía. Es una emoción desagradable, pero muy necesaria. La tolerancia a la frustración va a ser clave en nuestros procesos de autonomía y socialización, así que es muy importante darle el espacio necesario a la rabia. Si Candela está enfadada, no va a ayudarnos decirle cosas como: «No te pongas así», «No te enfades», «Lo tuyo no es normal», «No se puede hablar contigo», «Te enfadas por todo», «No es para tanto», «Hay que tomarse la vida con filosofía» u otras expresiones en la línea de ningunear la rabia. En su lugar, podemos decirle: «Entiendo que estés enfadada porque esto no ha salido como esperabas», «Debe ser frustrante haberte esforzado tanto y no haber obtenido el resultado que querías», «Yo también me enfado en situaciones así», «Es natural sentir rabia cuando pasa esto», etc. Otra cosa es cómo las acompañamos cuando la conducta que empuja esa rabia no es adecuada, pero eso lo veremos más adelante.

La rabia, además, tiene una particularidad, y es que puede experimentar un aumento progresivo que, llegado a un cierto punto, no permite la vuelta atrás. Como adultas acompañando la rabia, es importante que procuremos no llegar al punto máximo de agitación que desemboca en una respuesta adaptativa agresiva. Si pasamos ese punto, aparecen agresiones verbales (las típicas faltas de respeto), agresiones ambientales (puñetazos en pareces, patadas a sillas y mesas, portazos, etc.) o agresiones físicas a las otras personas o a nosotras mismas (cabezazos, mordiscos, etc.).

Los conflictos pueden escalar y avanzar rápido hacia una situación en la que la rabia secuestra nuestra capacidad de actuar racionalmente. En la adolescencia se escala rápido por las características de la etapa, por ese motivo es tan importante que las personas adultas que acompañamos estemos precavidas y mantengamos la calma ante su rabia, por más que nos duela lo que nos dicen. Primero debemos contener la situación para después acompañarla y propiciar, más tarde, una oportunidad educativa a través del diálogo.

EL MIEDO

El miedo nos ayuda a identificar el peligro y protegernos a nosotras y a las personas que nos rodean. Cuando Candela está experimentando esta emoción tan desagradable y tan necesaria a la vez, no sirve de nada que le digamos cosas como: «No deberías tener miedo», «Sé valiente», «Eres cobarde», «No entiendo por qué tienes miedo a eso», «Te da miedo todo», «Así nunca vas a llegar a ningún sitio», «El mundo es de las valientes» y otras cosas por el estilo.

El miedo existe y, como todas las emociones, nos está contando algo de nosotras mismas que nos va a permitir avanzar resolviendo una situación que estamos viviendo. En lugar de decirle todas esas cosas que le mandan el mensaje de que Candela no es «normal» y de que lo que le pasa está «mal», podemos decirle: «¿Qué es lo que te da miedo de esta situación?», «Es natural que estés asustada, los cambios dan miedo», «Que tengas miedo en este momento es natural, vas a hacer algo importante para ti», «El miedo aparece cuando hay algo que desconocemos y no sabemos si va a ser bueno para nosotras» o «No te vas a sentir así para siempre, en algún momento el miedo pasará», por ejemplo. Reconocer que existen y darles un sentido nos ayuda a ver las emociones como aliadas en el cuidado de nuestra salud.

LA VERGÜENZA

La vergüenza nos ayuda a identificar las conductas desajustadas y a regular nuestro comportamiento con relación a las personas que nos rodean. Además, es una emoción que se siente muy intensamente en la adolescencia. Tiene que ver con la gran autoconsciencia de la etapa por la cual las personas adolescentes suelen sentirse observadas y analizadas constantemente. Esto hace que se muestren tímidas, se sientan cohibidas, se preocupen por su aspecto, dejen de actuar como actuarían habitualmente o reaccionen de forma impulsiva.

La vergüenza hace su aparición con bastante frecuencia durante esta etapa y nos enseña a actuar dentro de los parámetros socialmente aceptados. A una Candela que está sintiendo vergüenza, no es recomendable decirle cosas como: «No tendrías que tener vergüenza», «Pues, para subir una foto a Instagram no tienes tanta vergüenza», «Tendría que darte vergüenza», «Que no te dé vergüenza, si estamos solas», «Qué vergonzosa te has vuelto», «No entiendo por qué ahora te da vergüenza si antes nunca te la dio» y cosas por el estilo. En su lugar, podemos, más que decir, intentar no ponerlas en situaciones demasiado embarazosas.

Estas situaciones se dan, habitualmente, cuando están ante otras personas. Debemos evitar los comentarios sobre su aspecto o su carácter delante de la familia extensa, sus amistades u otras iguales. No está de más pedirles perdón si hemos dicho algo en público que las ha incomodado. También debemos tratar con precaución ciertos temas delicados para ellas durante esta etapa como la sexualidad, por ejemplo. Este tipo de temas se abordan mejor si no los planteamos directamente.

LA CULPA

La culpa nos sirve para identificar el significado de lo que hacemos y mejorar la convivencia. El mensaje de la culpa es la certeza de que hay algo de lo que hemos hecho que no es adecuado, que no encaja o que está fuera de lo esperado. Es una emoción tan desagradable como la vergüenza y, también como ella, está muy presente en esta etapa. A una Candela que se siente culpable por algo que ha hecho, no le sirve que le digamos: «No te sientas culpable», «No pasa nada», «Es ella quien debería sentirse culpable», y cosas por el estilo.

La culpa, como todas las emociones, nos está diciendo cosas sobre algo que debemos atender. Es mejor decirle a Candela algo como: «Es natural sentirse culpable cuando hacemos algo que creemos que no debimos hacer», por ejemplo. Si nos sentimos culpables por algo que hemos hecho, es mejor analizar por qué nos sentimos así y entender qué debe cambiar para dejar de sentirnos así que mirar hacia otro lado y esperar a que la culpa pase. Cuando sentimos, debemos escuchar lo que sentimos, darle el espacio que necesite y reflexionar sobre lo que nos ha llevado a sentirnos así y sobre lo que es necesario hacer a partir de ahora para que esa emoción no nos impida seguir adelante.

Si nunca hablamos de emociones ni de cómo lo hacemos para pasar de un estado emocional a otro, será más difícil que Candela pueda hacerlo. Si observamos que un determinado estado de ánimo se mantiene en el tiempo, no está de más contar con el apoyo de una profesional que pueda valorar la situación y ayudarla con lo que le pueda estar ocurriendo. No hay que olvidar que a mayor malestar emocional, mayor posibilidad de que aparezcan conductas de riesgo.

ACOMPAÑAR LA AUTOESTIMA

Para acompañar la autoestima en la adolescencia, además de estar atentas a las emociones de Candela, a sus relaciones y a lo que le va pasando en su día a día, vamos a prestar atención a los mensajes que le damos y a evitar emitir juicios sobre su aspecto físico, su forma de ser o sus preferencias. Cómo le hablamos y cómo hablamos de ella con otras personas es crucial. También debemos prestar atención a los mensajes que recibe en nuestra presencia y reflexionar con ella sobre el contenido de esos mensajes. Darle perspectiva sobre lo que han dicho las demás personas es importante. Te ayudará preguntarle si cree que eso que ha dicho esa persona es adecuado y por qué, si es algo que realmente podemos mejorar, pedirle que piense en una forma de responder a esos mensajes si los recibe en el futuro.

Eso sirve también para lo que sucede en redes sociales. Debemos estar atentas a los comentarios que hace sobre ella misma y a cómo se habla a ella misma. Ayudarla a cambiar el enfoque si se menosprecia, se insulta o habla de su cuerpo o de su forma de ser de manera despectiva, inapropiada o distorsionada.

La ayudamos si verbalizamos y reforzamos en positivo sus potencialidades y las cosas que va consiguiendo. Cada pequeño logro suma, valorar positivamente su imagen y sus preferencias suma. Cuidamos de su autoestima si la ponemos en contacto con entornos en los que se realicen actividades para las que tiene aptitudes y que le gusta hacer.

La ayudamos si le pedimos ayuda y opinión sobre diferentes aspectos cotidianos. Es esencial tener siempre presentes las características de la etapa, tener en cuenta que Candela necesita sentirse protagonista, sentirse única, sentir que es aceptada y querida por quien es.

Sentir que la valoramos, sentirse segura a nuestro lado, sentirse útil y darle la oportunidad de transformar lo que le pasa va a permitirnos fomentar una autoestima saludable.

RECAPITULANDO

Para acompañar las emociones hay que tener en cuenta que...

1. ...cualquier situación tiene el potencial de generar malestar emocional en esta etapa.
2. ... debemos integrar las emociones en nuestra vida diaria, hablar de ellas y dejar que formen parte de nuestro entorno.
3. ... es imprescindible regular nuestras emociones antes de ayudarlas a regular las suyas.
4. ... es necesario darles un espacio para ser sentidas, reconocidas y validadas.
5. ... puede ser útil dejarles un espacio a solas para que bajen el volumen de las emociones más intensas y también ofrecerles alternativas para ayudarlas con esa tarea.
6. ... antes de hablar con ellas de lo que ha pasado, es importante que hayan recuperado la calma.
7. ... tras la calma es importante hablar de la situación que ha provocado la emoción y proponer formas para calmarse que puedan usar en el futuro.
8. ... es imprescindible expresarles para qué sirven las diferentes emociones, que lo que sienten es natural, necesario para su desarrollo y útil para mejorar su vida.
9. ... el estado de su autoestima es fuente de emociones intensas.
10. ... va a ser esencial procurar que su autoestima esté lo más saludable posible poniendo atención a los mensajes que les damos y que reciben sobre su aspecto o su forma de ser,

conectándolas con actividades que les hagan sentir bien o para las que tengan habilidad y ayudándolas a cambiar el enfoque sobre la forma en la que hablan de ellas mismas.

RESPUESTAS CONCRETAS A PREOCUPACIONES COMUNES

A continuación, tienes varias propuestas y algunas ideas para afrontar diversas de las situaciones con las que puedes encontrarte mientras acompañas la etapa. Las propuestas están basadas en el acompañamiento prudente de la adolescencia y en favorecer el desarrollo de habilidades de las personas adolescentes de tu vida. Todas estas propuestas te van a orientar hacia la búsqueda de soluciones, van a animarte a generar entornos favorables al desarrollo de Candela y a aprovechar todas las oportunidades que se te presenten en el día a día para que pueda aprender a relacionarse mejor y a hacer las cosas por ella misma. Recuerda que aprendemos haciendo, practicando, equivocándonos, reflexionando sobre la experiencia vivida y planteando mejoras para el futuro. Enfocándote en las soluciones le das un escenario en el que practicar sus habilidades para la resolución de conflictos y situaciones diversas que la vida le va a poner por delante. Recuerda que necesita tiempo para aprender y desarrollarse, que tu paciencia es clave y que contigo a su lado tiene más oportunidades para hacerlo. Concéntrate en buscar la forma de crear debate, hacerla reflexionar, llegar a acuerdos y practicar la asertividad.

EL VALOR DEL DINERO

Si Candela nunca ha tenido dinero propio y no se ha visto en la circunstancia de tener que administrarlo, va a ser muy difícil que sepa hacerlo. Hay muchas formas de trabajar para que aprenda. Darle una paga, por ejemplo, es una estrategia fabulosa para que conozca el valor del dinero y aprenda a gestionarlo. Para decidir el importe de la paga, es útil que Candela elabore un presupuesto teniendo en cuenta los gastos que imagina que tendrá (salidas con amistades, ropa, etc.). Este ejercicio te permitirá conocer la situación en la que se encuentra Candela en relación al dinero y su nivel de consciencia sobre él.

Se pueden incluir en el presupuesto el coste de las actividades extraescolares y otros gastos que la familia esté asumiendo. Cuando Candela realiza el presupuesto y se visualiza la cantidad en función de todos esos gastos que se prevén, se puede llegar a un acuerdo sobre las actividades que va a seguir asumiendo la familia y de las que va a tener que encargarse ella a partir de este momento. Cuando se decide la cantidad, también se puede acordar un día al final de la semana o del mes para revisar sus gastos, cómo ha administrado la paga y revisar la cantidad. Se puede abrir una cuenta en un banco para empezar a trabajar el ahorro con la cantidad que le sobre al mes, si eso sucede, con todo lo que eso conlleva. Buscar un banco, escoger el tipo de cuenta, visitar una oficina o hacerlo por Internet...

Cuando se va a comprar ropa, por ejemplo, puede utilizar su paga o puedes darle una cantidad fija que ella tenga que administrar. Puedes compartir algunos gastos con ella, es decir, si vais al cine, por ejemplo, ella puede pagar las palomitas. O si vais de vacaciones, ella puede invitaros a tomar un helado, pagar las entradas de alguna actividad, etc.

Incorporar la consciencia sobre el valor del dinero es muy importante y va más allá de hablar de él. Le puedes pegar una bronca porque la factura del agua ha sido enorme y sabes que se pasa media hora bajo la ducha, pero eso no va a hacer que entienda lo que cuesta el dinero. Sin embargo, si acuerdas con ella que salga de su paga el tres por ciento de la factura y que va a tener que abonarlo, te sientas con ella cuando llega la factura, hacéis el cálculo juntas y ella entrega el dinero, la situación se vuelve real. Se puede llegar a un acuerdo con Candela si necesita dinero extra para que realice algunas tareas de la casa, por ejemplo. Puedes ir al súper con Candela y hacerle el encargo de que calcule el precio de la compra mientras vais escogiendo los productos que necesitáis.

Hay muchas formas de acercar a Candela al mundo de las finanzas, que va a ser muy importante en nuestra vida adulta para poder ser autónomas. Para que pueda aprender lo que cuesta el dinero, tiene que empezar a tenerlo y usarlo.

LAS TAREAS DEL HOGAR

Si queremos que Candela realice algunas tareas del hogar, podemos consensuar o negociar un sistema de reparto de tareas en casa. Es importante que nos concentremos en los espacios comunes más que en su dormitorio. Puede ser un sistema rotativo o fijo de tareas. Podemos hacerla protagonista y encargarle el reparto y la revisión de las tareas. Podemos proponer que ella pueda decidir de entrada la tarea que quiere realizar. Se puede recompensar que ha realizado adecuadamente la tarea que le tocaba decidiendo qué tarea quiere hacer la próxima semana y qué tarea quiere que hagamos las demás. Se pueden vincular las tareas a una recompensa económica que se sume a su paga.

Lo más importante cuando se trata de este tipo de tareas, nada motivadoras para las personas adolescentes, es que no las agobiemos con muchas tareas, que sean una o dos como mucho al principio, que tengan la posibilidad de escogerlas y que no las presionemos para que las hagan inmediatamente o como nosotras queremos. Podemos ir aumentando el número de tareas a medida que van asumiendo mayores responsabilidades. Acordemos con ellas que las realicen en un tiempo determinado y, una vez asignada la tarea y el tiempo para hacerla, hagamos el recordatorio puntual si vemos que no la han realizado, pero esperemos a que la hagan a su ritmo. Si al final del período en el que tenían que hacerla, no se ha realizado la tarea o se ha realizado de forma inadecuada, nos sentamos y hablamos del tema, utilizando el sistema de los cuatro pasos, por ejemplo, invitándola a que revise la tarea que le tocaba hacer y que detecte lo que podía haberse hecho mejor; indiquémosle cómo mejorar lo que debe mejorar. Hay que poner paciencia y adaptar las tareas a las capacidades de Candela y al momento de desarrollo en el que se encuentra. Podemos lanzarle pequeños retos e ir aumentando el nivel de responsabilidad sobre las tareas a medida que va asumiéndolas.

Cuidar de los espacios comunes cuando convivimos es algo importante. Si Candela no lo ha estado haciendo hasta ahora, no va a aprender a hacerlo de repente ni con la destreza que nosotras hemos desarrollado con la práctica que dan los años.

LA ORGANIZACIÓN DEL MUNDO

Candela está empezando a conocer cómo se organiza el mundo en el que vivimos justo ahora. Para que empiece a entrar en contacto con las diferentes organizaciones que forman parte de nuestro día a día y con las que nos tenemos que relacionar en uno u otro momento de nuestra vida, es importante que podamos acercarla a ellas. Procura que te ayude con los trámites burocráticos que tengas que hacer, que rellene ella una parte del papeleo, muéstrale cómo funcionan los centros de salud, el Ayuntamiento, las empresas, todo aquello que pueda serle útil cuando sea adulta. Que pida hora y anule la hora a los diferentes servicios ella misma, contigo al lado hasta que aprenda a hacerlo sola. Que se encargue ella de cumplimentar los formularios, las matrículas de los estudios, de reunir la documentación, contigo al lado. Acompáñala mientras lo hace, supervisa y verifica que se ha hecho correctamente e indícale dónde debe poner más atención o qué puede mejorar. Candela no sabe cómo funciona el mundo todavía, lo importante que es revisar un formulario para que todo esté correcto porque, si no lo está, se pueden perder oportunidades. Lo importante que es entregar la documentación tal como se solicita y a tiempo.

Al principio se equivocará, irá lenta, te preguntará, se agobiará, necesitará apoyo. Para que aprenda tiene que encontrarse en la situación que le permita aprender.

LA ORGANIZACIÓN DEL TIEMPO

Como a Candela le cuesta organizarse en el tiempo todavía, es importante que podamos ayudarla. No le digas que es desorganizada, haz que el tiempo cuente y pon el tiempo en vuestro día a día. Utilizar alarmas, agendas y calendarios para organizar las tareas y las diferentes actividades que están por venir es una opción. Podemos pedirle que apunte en el calendario las actividades familiares o que busque en el calendario la fecha de una actividad en concreto, aunque ya la sepamos.

Integrar el tiempo en todo lo que hagamos va poniendo este concepto tan abstracto en su vida. Dale tiempos concretos para hacer las cosas. En lugar de decirle: «Vuelvo pronto», dile «Vuelvo a la una» o «Vuelvo en cinco minutos». No sacamos el perro «por la noche», lo sacamos «a las ocho». Pregúntale cuánto tiempo ha tardado en hacer las cosas y cuánto tiempo cree que va a necesitar para hacer las cosas. Probablemente no acierte, pero la ponemos a pensar en el tiempo. Si te dice que no lo sabe, dale opciones: «¿Crees que en veinte minutos estará?». Aunque no vaya a estar en veinte minutos, díselo, pon una alarma, recuérdale que quedan cinco minutos. No busques que haga las cosas rápido, busca que empiece a tener el tiempo en su vida. No esperes que llegue puntual de repente o que esté lista a la hora exacta. Si lo hace, genial, pero no lo esperes. Aun así, pregúntale cuánto tiempo se ha retrasado, a qué hora habíais quedado, reflexiona con ella sobre qué es lo que ha hecho que llegue tarde y lo que debería hacer la próxima vez para llegar a tiempo.

CUANDO TE ENTERAS DE QUE
CONSUME DROGAS

Este es uno de los descubrimientos que más miedo dan en la etapa. Cuando descubres que Candela consume drogas es importante determinar qué drogas consume, en qué estadio de consumo está y, en función de esa valoración, actuar de la forma pertinente.

El consumo de drogas nunca es seguro, así que es muy importante que te centres en poner a su disposición toda la información necesaria y en acompañar el consumo, más que prohibirlo. Si lo prohíbes, puede seguir consumiendo igual.

Dale tu opinión sobre el consumo y proporciónale a Candela la información de diferentes formas. Puedes ver una película con ella y generar reflexión, facilitar que una profesional pueda explicarle sus riesgos y pueda acompañarla, regalarle un libro, ponerle un documental si se deja, etc. Las personas adolescentes pueden recurrir al consumo para obtener energía, mantener un ritmo elevado y aumentar el rendimiento en una actividad concreta, para evadirse u olvidar sus problemas, para facilitar la capacidad de relacionarse socialmente, para divertirse, para experimentar sensaciones fuertes, por la curiosidad propia de la etapa, para proyectar una identidad ante las demás, sentirse mayores, porque hay algo que no han podido o no pueden resolver solas aún y les crea malestar emocional…

Vamos a ocuparnos en detectar cuándo suele consumir, en qué situaciones, la cantidad de sustancia consumida en función de los síntomas que presenta, la frecuencia de consumo, la vía de consumo (oral, fumada o inhalada, esnifada o inyectada), la duración del consumo y las situaciones en las que suele consumir, el entorno y lugar de consumo, si consume en situaciones de especial riesgo (conducción, en tareas que requieren especial concentración o destreza...).

Estaremos atentas si empieza a atribuir funciones a las sustancias que podría obtener de otro modo. Por ejemplo, si Candela dice que fuma porros porque la tranquilizan, podemos preguntarle si cree que hay otras formas que la puedan ayudar a tranquilizarse en lugar de consumir una sustancia potencialmente peligrosa para su salud.

Priorizaremos explorar para qué consume, la función que esa sustancia tiene en su vida. Nos fijaremos en si aumenta el consumo o si la sustancia empieza a tomar mayor protagonismo que el resto de actividades de su vida.

Este es un tema extenso y hay mucho que decir, pero lo más importante es que no prohíbas para poder detectar en qué estadio de consumo está y si necesita ayuda. Si ha consumido de forma experimental para probarlo es una cosa, si consume de forma ocasional en momentos puntuales es otra y si consume de forma habitual y ya adquiere la sustancia es otra. En el último caso es importante que podamos contar con acompañamiento profesional para evitar desarrollar una adicción.

El consumo de sustancias de abuso es una de las circunstancias más complejas de acompañar para las familias; déjate acompañar y busca acompañamiento para ella si eso sucede. Procura que se alimente e hidrate bien si consume, supervisa el rendimiento académico e intenta que realice deporte con frecuencia. Para reducir el riesgo y no empeorar la situación es importante no sobrerreaccionar. No sirve de nada prohibir porque centramos su atención en evitar que nos enteremos de que consume más que en la responsabilidad de cuidarse cuando lo hace. Además, se generan tensiones que nos alejan de ella y evitan que podamos observar lo que necesitamos observar para supervisar si está aumentando el consumo o si las drogas están teniendo efectos en ella que hay que atender.

Vamos a tener que dar un tipo de atención u otro dependiendo de si las drogas que consumen son activadoras, perturbadoras o depresoras. Vamos a tener que acordar medidas de higiene de consumo (comer antes de consumir, beber agua constantemente, hacer ejercicio, análisis médicos, etc.). Evita juzgar, dramatizar, negar la evidencia del consumo, reprochar… Ponle retos a Candela: «A ver si eres capaz de estar un mes sin fumar». Dialoga con ella y hazle reflexionar tanto como puedas. No te bases en suposiciones ni creas que porque haya consumido se va a convertir en una persona adicta. Comparte tu preocupación con ella y supervisa el consumo sin presionarla. Puede que Candela deje de consumir pasado un tiempo y nunca más vuelva a hacerlo, puede que todo quede como parte de la experimentación de la etapa, pero no está de más tener en cuenta todas estas medidas para prevenir el abuso y la adicción.

CUANDO LLEGA A CASA BORRACHA (O HABIENDO CONSUMIDO UNA SUSTANCIA DE ABUSO)

Aunque quieras hablar con Candela en ese mismo momento y te sientas tentada de pegarle una bronca, respira. Si intentas hablar con ella en su estado no vas a conseguir nada más que una discusión. En ese momento conviene cuidarla, que se sienta querida, que se hidrate, que coma algo, que se asee y que descanse. Al día siguiente, cuando se haya recuperado, puedes preguntarle qué tal se lo pasó y cómo llegó a estar en ese estado. Es importante recordarle las medidas de autocuidado con el consumo de alcohol y otras sustancias de abuso; aunque eso no va a evitar que vuelva a beber, es importante que podáis tener esa conversación. Hazla reflexionar sobre cómo se encontraba, qué sintió en ese momento, recuérdale que no hay consumo seguro, los acuerdos a los que habéis llegado y qué se puede hacer diferente la próxima vez. Puede que podáis incorporar un acuerdo que implique que si vuelve a suceder, irás a buscarla tú, por ejemplo. Esta es una de las situaciones que habitualmente nos pone más nerviosas, pero es importante no perder la perspectiva.

CUANDO ESTÁ EN SU CUARTO Y QUIERES DECIRLE ALGO

Cuando Candela está en su cuarto y quieres decirle algo, recuerda las pautas para la comunicación con personas adolescentes. Ve a su cuarto, llama a la puerta y dile que si tiene un momento ahora, necesitas hablar con ella de un tema. Pídele permiso para entrar y no entres hasta que te haya dado permiso a menos que quieras ganarte una discusión desagradable. Si está con los auriculares puestos y no te ha escuchado, puedes entreabrir la puerta, introducir el brazo y hacer algún ruido para que se percate de que estás ahí. Es probable que esté en su mundo hablando con alguien o pensando en alguien y eso es muy importante para ella en este momento.

CUANDO EL CENTRO EDUCATIVO TE
CUENTA UNA HISTORIA DISTINTA

Si ha pasado algo en el centro educativo y la versión de Candela es distinta a la que explica el centro, es importante que podamos escuchar la versión de Candela con interés y sin juicios y también que podamos verificar y contrastar lo mejor posible la información con el centro. No en todos los centros educativos se disfruta de sensibilidad hacia la adolescencia y no todos los equipos docentes están formados para acompañar la etapa como necesita. Muchas veces se producen situaciones que deberían ser miradas y valoradas teniendo en cuenta las características de este momento del ciclo vital y no es así. De ese modo se agravan situaciones que, con el abordaje adecuado, no tendrían las consecuencias que tienen. Cuando Candela te cuente su versión, escúchala. A veces te mentirá, pero a veces te estará contando la experiencia como ella la ha vivido y puede que verbalice que ha sido una situación injusta, quizá tenga razón.

Recuerda las pautas para comunicarte con ella y pregúntale qué es lo que le ha parecido injusto de la situación, qué le gustaría que hicieras tú en esta situación, etc. Si se verifica que su conducta no ha sido adecuada y debe pedir perdón a alguna profesora, por ejemplo, es importante que puedas acompañarla para que le pida perdón en persona y no a través de un mensaje. No pidas perdón por ella, una de las consecuencias de hacer algo inapropiado a alguien es tener que pedirle perdón. Valora bien la situación y asegúrate de tener toda la información que puedas antes de acordar con Candela las consecuencias de lo que ha pasado.

CUANDO TRAE MALAS NOTAS

Si el trimestre no le ha ido muy bien a Candela y las notas no son lo deseado no te ayudará, ni a ella tampoco, que la castigues retirándole los espacios que la ayudan a calmar su malestar emocional. No la ayuda ni le facilita aprender que la dejes sin salir o que le retires el móvil. En esta situación es importante que relacionemos la consecuencia del bajo rendimiento con lo que realmente se esconde tras él, lo que lo ha provocado.

Para ello, nos sentaremos con Candela y analizaremos juntas lo que ha podido provocar esos resultados. Cuando hayamos detectado los motivos de las malas notas, acordaremos con Candela el tiempo de estudio y tiempo de ocio para el próximo trimestre, así como sus condiciones. Es importante que los acuerdos estén enfocados a reducir los motivos del bajo rendimiento y que busquemos ayudas profesionales si Candela las necesita, aunque no las quiera. El mensaje es que hay que modificar lo necesario para que pueda superar el próximo trimestre. Si no ha superado algunas asignaturas, algo está pasando y puede que necesite algún tipo de ayuda. Algo tiene que cambiar porque lo que estamos haciendo no funciona. Con los resultados delante es más fácil plantear las ayudas. Si ya tenemos los suspensos delante y la evidencia de que algo no está funcionando y debe cambiar, es importante que reflexiones con Candela sobre la necesidad de introducir modificaciones en su sistema de estudio y el tipo de modificaciones que se van a introducir.

CUANDO LLEGA A CASA MÁS
TARDE DE LO ACORDADO

Cuando Candela llega más tarde de la hora acordada, recuerda que no se trata de penalizar la conducta «ha llegado más tarde de lo acordado». Se trata de trabajar sobre la consecuencia de la conducta porque eso es lo que va a hacer que aprenda y desarrolle las capacidades necesarias para responsabilizarse y hacerse cargo de las consecuencias de sus decisiones. No hablamos de obedecer ni de «portarse bien» ni de hacer lo que «se supone que debe hacer alguien de su edad». Tengamos claro el objetivo y el punto de partida en primer lugar. Estamos hablando con una adolescente y no estamos intentando que aprenda a llegar a las nueve, estamos intentando que sea capaz de responsabilizarse, de comprometerse y de hacer lo necesario si debe romper el acuerdo al que ha llegado con alguien o si alguien lo hace con ella. Ese proceso lleva tiempo y consciencia.

Cuando llega más tarde de lo acordado, valora si es demasiado tarde o solo un poco más tarde. Si pasan diez minutos lo está intentando y puede. Si pasan treinta, lo está intentando, ha luchado contra su deseo y finalmente lo ha vencido, le cuesta un poco más, pero puede. Si pasa una hora, probablemente le cueste un poquito más, aún no pueda, nos lleve más tiempo acompañarla en esto y el proceso sea más largo. Así que no es lo mismo que llegue diez minutos tarde que una hora tarde. Ahí el nivel de disgusto cambia y el nivel de paciencia también. A menor capacidad, mayor paciencia. Es probable que cuanto más tarde llegue más te necesite, así que aprovecha la ocasión. Valora si lo ha intentado y refuerza positivamente si lo ha hecho y, si no, explícale tu gran disgusto por la situación. Que quede claro que estás disgustada porque no ha cumplido su acuerdo, no porque haya llegado más tarde de las nueve, ojo, porque no se ha responsabilizado de su compromiso.

Recuerda el objetivo. No le preguntes dónde ha estado, qué ha estado haciendo o con quién. Dale la oportunidad de que te explique por qué ha llegado tarde sin juzgarla gestual ni verbalmente. Esto cuesta, lo sé. Practicando se consigue. Pregúntale qué puede hacer diferente la próxima vez para cumplir con lo acordado o si ve que no va a cumplir con lo acordado. Pregúntale por la consecuencia del no cumplimiento. Ahí te pones firme porque es muy probable que no quiera cumplir la consecuencia pactada, dependerá del momento en el que esté. A menor oposición en el cumplimiento de la consecuencia, mayor autonomía, es decir, más habilidades tiene la adolescente en cuestión.

Es importante seguir con el discurso de la responsabilidad, el compromiso y la confianza (te recuerdo que los acuerdos y las consecuencias tienen que tener unas determinadas características, repasa la parte en la que hablamos de límites). Y aquí viene el momento difícil: mantenerse firme ante la consecuencia. Para entender las consecuencias de nuestras acciones, de nuestras decisiones, necesitamos encontrarnos con ellas de frente. Si no muestras firmeza, no mantienes el discurso sin perder de vista el objetivo, no muestras tu disgusto por no haber cumplido el acuerdo y cedes ante sus conductas (enfadarse, llorar, gritar, no hablarte, encerrarse en su cuarto, decirte que te odia o que no la entiendes, etc.), no estás trabajando los límites. Recuerda las estrategias de comunicación asertiva y mantente firme.

CUANDO DESCUBRES QUE TIENE
UNA RELACIÓN DE PAREJA

Cuando descubres que Candela tiene una relación de pareja debe imperar la calma. Aunque te parezca que Candela es muy joven para ello, para ella, que solo ha vivido catorce años, ese momento lo es todo. Ahora mismo está descubriendo un montón de emociones nuevas que son muy perturbadoras, que el susto no te perturbe a ti y te impida acompañarla ahí, porque son sus primeras veces y va a necesitar dar significado a muchas de las cosas que va a vivir. Te va a necesitar. Así que calma, ante todo, repite el mantra «No es personal, es cerebral» y acoge este nuevo momento en vuestras vidas. Cuando una persona entra en la vida de Candela, también entra en la tuya.

Repasa las características del pensamiento adolescente y de las relaciones de intimidad en la adolescencia e inicia el acercamiento. Para acompañarla tienes que poder observar su relación. Para ello es muy importante que no la juzgues de entrada, muestres interés por conocer a esa persona especial para ella, la valores, la incorpores a la vida familiar de algún modo y la dejes estar en casa. No te va a ayudar prohibir que vea a esa persona o hablarle mal de ella. Tampoco va a funcionar darle un discurso sobre lo que debería hacer. Para ella esta persona es el centro ahora, así que interésate por ella y muéstrale que valoras su elección. Pregúntale qué le ha gustado de ella y si necesita saber algo o tiene alguna duda sobre algo relacionado con las relaciones. Empieza un episodio de su vida que puede ser muy delicado en el que va a explorar y explorarse a muchos niveles, quédate cerca y ponte a favor.

CUANDO DESCUBRES QUE HA TENIDO RELACIONES SEXUALES

Si te enteras de que Candela ha tenido ya relaciones sexuales, evita los reproches si no te lo ha dicho. Procura tratar el tema con la mayor naturalidad posible y enfócate en los aspectos prácticos. Cuando se tienen relaciones sexuales hay que tomar una serie de medidas, así que, más que darle la charla y aunque se muera de vergüenza, id juntas a comprar los métodos de protección (preservativos, etc.) y encárgate de que visite a una especialista médica en salud sexual que pueda explicarle lo que debe hacer a partir de ahora y lo que debe tener en cuenta. No hace falta que estés delante cuando esto se produzca, solo ocúpate de que pueda ser visitada con periodicidad y cuide de su salud. Puedes visitar con ella a una profesional de la educación sexual para que resuelva sus dudas, regalarle juguetes sexuales y evitar tratar el tema de la sexualidad solo en términos negativos. No te olvides del placer y de lo necesario que puede ser tener una buena vida sexual. Candela acaba de empezar, ponle a su disposición todos los recursos necesarios para que pueda conocer las opciones para cuidar de su salud y disfrutar de su vida sexual.

CUANDO HA ROTO CON SU PAREJA

Este momento tan doloroso para Candela es una oportunidad para acompañar sus emociones. Repasa las pautas de acompañamiento emocional y prepárate para estar a su lado sin aleccionar y sin juzgar.

Una ruptura implica una pérdida, y una pérdida implica un duelo. Un duelo es algo muy intenso de por sí para todas, estemos en el momento del ciclo vital que estemos. Las emociones brotan de forma desordenada y nuestra mente se afana por buscar una explicación. Le ayudará que acojas su dolor, validar sus emociones y decirle que la entiendes. También explicarle que tú también lo has sentido y contarle una experiencia tuya al respecto.

Si te cuenta lo que pasó, escúchala y permítele que se exprese sin intervenir y sin decirle cosas como: «Eres muy joven, ya encontrarás a otra persona», «No es para tanto, verás como, con el tiempo, se te pasa», y cosas por el estilo. Pregúntale si necesita alguna cosa o si puedes hacer algo por ella y dale alternativas para desahogarse si te lo permite. A partir de ese momento, cuídala. Prepararle su comida favorita, una merienda rica, llevarle chocolate, unos pañuelos, poner música que le guste, etc. Déjale su espacio si lo necesita, así podrá encontrarse con su intimidad y aprender a regular lo que siente sola, pero no te vayas muy lejos. Haz cosas que aporten para que pueda hacer su duelo y evita exigirle demasiado los días posteriores. Nada puede evitarle el dolor, pero tu acompañamiento puede ayudarla a pasarlo de la mejor manera posible y a extraer valiosos aprendizajes para su vida adulta. Estar a su lado, cerca y sin ponérselo difícil va a ayudarla a transitar este momento tan doloroso.

CUANDO TE ENTERAS DE SU ORIENTACIÓN SEXUAL

Cuando descubras que Candela está explorando, cuando te haga algún comentario, cuando te encuentres ante una afirmación por su parte, cuando descubras su orientación sexual o si te sorprende su realidad, no pongas caras raras.

Sé que esto es bastante complicado de controlar, pero es vital evitar decir cosas y hacer cosas que puedan hacerle pensar que su situación no es la adecuada.

Sea como sea, tanto si está explorando como si ya tiene clara su opción, lo que necesita es que estés a su lado y que la acompañes en este descubrimiento. En este momento, atiende su demanda cuando lo descubras sin juzgar. Espera a que te lo comunique, escucha lo que tenga que decir y valida su opción de la forma más natural posible. No la agobies con discursos y preguntas y genera espacios de confianza para que pueda hablar y manifestar sus dudas. Puedes conectarla con organizaciones que puedan acompañarla si hablamos de colectivos por los derechos de los cuales todavía estamos luchando. Sabemos que queda mucho trabajo por hacer en el mundo para acabar con la injusticia social que dificulta la vida de muchas personas. Apóyala cualquiera que sea su realidad.

CUANDO EMPIEZA A TRABAJAR

Si Candela tiene edad para trabajar, no es mala idea que pueda compaginar sus estudios, si estudia, con un trabajo que le permita aprender a administrar el dinero y que la ponga en situación de organizar su tiempo. Por las características de la etapa que ya conoces, esas tareas no son fáciles para ella y, además, va a tener que interaccionar con otras personas en entornos de trabajo. Recuerda la intensidad emocional, la impulsividad, la autoconsciencia, la dificultad para empatizar, la autoestima...

Con todo eso ocurriendo a la vez, situamos a Candela en un entorno que implica trabajar, es decir, tener unas responsabilidades, unos objetivos que cumplir en un tiempo determinado que no decides tú y que a veces no tienen que ver con lo que te gusta hacer. Imagina a Candela teniendo que autorregularse, en pleno proceso de desarrollo para poder hacerlo, es decir, sin controlar aún, y relacionarse con otras personas en un entorno lleno de exigencias, frustraciones y presión.

Pueden suceder muchas cosas cuando Candela entre en contacto con el mundo laboral y muchas de ellas las va a vivir sola o con el acompañamiento de su tribu. Es importante que pueda contar contigo y anticipar lo que puede suceder en el trabajo, cómo va a ser su jornada, qué puede pasar con las compañeras, con sus superiores, a qué destinará el sueldo que gane, cómo va a ser el contrato laboral, etc. Todo eso puede ayudar a Candela a situarse mejor en el entorno de trabajo. Además, hacer un seguimiento de su adaptación a su nueva situación va a ser muy importante para que pueda sostenerla sin verse tentada de abandonar el trabajo a la primera de cambio cuando aparezca la frustración, o de abandonar los estudios al primer sueldo con el subidón de tener dinero propio.

CUANDO DICE MENTIRAS

Las personas adolescentes mienten por muchos motivos. Las mentiras son, hasta cierto punto, algo natural en el proceso de llegar a adultas. Cuando empezamos a transitar la adolescencia y a experimentar con nuestra propia autonomía, cuando empezamos a buscar la distancia necesaria para construir nuestra propia identidad y desarrollarnos en función de las tareas evolutivas de la etapa, necesitamos protegernos de la mirada adulta que, a menudo, está repleta de juicios y de desconocimiento hacia lo que nos pasa.

Las personas adolescentes suelen mentir porque sienten vergüenza, culpa, porque tienen miedo a decepcionar a su familia, para proteger a una amistad, porque sienten inseguridad, porque creen que, si dicen la verdad, no serán aceptadas en un grupo... Lo que suele subyacer es la intención de cubrir una necesidad y de evitar el malestar emocional al mismo tiempo.

No es algo que hagan de forma premeditada o porque quieran manipular a nadie, es una forma de resolver una situación que les genera malestar emocional, una estrategia para adaptarse a su entorno.

Lo que debemos hacer las personas adultas cuando descubrimos una mentira adolescente es, en primer lugar, explorar lo que ha podido motivar la necesidad de mentir y valorar si realmente esa mentira es algo que debamos tratar. Si decidimos que la situación merece ser tratada porque la mentira provoca o supone algo importante, entonces debemos tratar el tema con naturalidad. Es importante aprovechar un día en el que Candela esté lo más tranquila posible, teniendo siempre presentes las características de la etapa en la que está, y abordar el tema desde la necesidad de comprender la mentira y encontrar una solución.

Esto supone analizar con Candela, sin juzgarla, cómo se ha llegado hasta la mentira. Repasar la secuencia de acontecimientos previa a la mentira y verbalizar el proceso mediante el cual ha llegado a mentir. Es decir, imagina que Candela te prometió que no iría a ninguna fiesta fuera del pueblo y descubres, por las historias en Instagram de una de sus amigas, que ha estado en el pueblo de al lado en una fiesta, en casa de alguien y hasta la que se han desplazado en coche, pero Candela te lo ha ocultado. Si quieres acompañarla y favorecer su desarrollo, no te ayudará nada abordarla de forma abrupta y ejercer tu autoridad sobre ella castigándola o quitándole ciertos privilegios.

En primer lugar, debemos plantearnos por qué creemos que nos ha mentido y entender que va a sentirse muy mal cuando la descubramos. Si queremos que aprenda, se desarrolle de forma adecuada y sea una adulta crítica y sana, debemos sentarnos con ella, exponer que sabemos que ha mentido, que queremos comprender por qué lo ha hecho y también encontrar una solución para que no tenga que mentir. Nos vamos a enfocar siempre en la solución, en lo que podemos hacer la próxima vez para que la mentira no llegue a producirse. Es decir, que le dirás que sabes que estuvo en la fiesta porque hemos visto una historia en Instagram en la que se confirma este hecho, que nos gustaría saber por qué llegó a mentirnos y que nos gustaría encontrar la forma de que la próxima vez que sienta la necesidad de mentir, no lo haga, porque si miente, la confianza se verá comprometida.

Cuando ponemos a Candela delante de su mentira, puede reaccionar de diversas maneras y todo va a depender de múltiples factores, pero uno de los más importantes es cómo transmitamos la información y cómo tratemos la situación. Si entramos de forma autoritaria, con mucha seriedad y la amenaza de retirar privilegios, lo más probable es que Candela niegue que ha mentido y/o sienta rabia y reaccione de forma ofensiva. Si le retiramos privilegios o la castigamos, además, lo que puede suceder es que estemos propiciando que mienta más y mejor, que oculte mejor sus mentiras, que no se sienta comprendida y que pierda la confianza en la persona adulta que tiene delante. Hay que valorar cada caso adecuadamente y, si las mentiras son constantes y van en aumento, no está de más dejarse acompañar por profesionales para que puedan valorar las características particulares del caso. Pedir ayuda siempre es buena idea cuando los indicadores de riesgo aparecen. Si las mentiras constantes se suman a otro tipo de conductas, puede esconderse detrás algo que atender.

CUANDO FALLECE UNA PERSONA IMPORTANTE

Durante la adolescencia, las tareas evolutivas de la etapa dificultan enormemente el duelo. Si Candela ha perdido a alguien importante, vamos a tener que prestar atención a partir de ese momento.

A la intensidad emocional típica de la etapa se le va a subir mucho el volumen con la experiencia de la pérdida y, aunque Candela muestre confianza o seguridad, esto no quiere decir que las sienta, puede estar protegiéndose de un tsunami emocional que no sabe cómo contener. En este momento, precisa que le demos seguridad, que estemos ahí para ella si nos necesita porque le va a costar compartir lo que siente con sus iguales.

Debemos comunicar el fallecimiento lo antes posible, en persona y, si puede ser, que se lo comunique la persona con la que mayor cercanía sienta. La noticia del falleci-miento de una persona importante se recuerda siempre, debemos cuidar este momento. Hay que hablarle a Candela claramente, usar un lenguaje accesible y concreto. Cuando hemos informado a Candela de la pérdida es importante que permitamos un tiempo para que sienta el impacto y plantee preguntas, no le añadamos presión. Tenemos que mostrarnos disponibles y respetar lo que le pase a partir de ese momento.

Tras una noticia de este tipo, Candela puede reaccionar de muchas formas. Puede parecer que se ha quedado impertérrita o que no le afecta. Puede echarse a llorar desesperadamente. Puede quedarse desorientada, sin saber muy bien dónde está. Debemos concentrarnos en lo concreto, en lo que pasará ahora: «La abuela te acompañará a casa», «Vendré a buscarte a las tres para ir al velatorio», «Escoge la ropa que quieres ponerte», «Cenaremos en casa de la tía». Es importante hacer pensar a Candela en cosas prácticas que le pueden hacer sentir que controla la situación, que está aquí y ahora. Es importante, durante el proceso de duelo, recordarle que algún día dejará de sentir tan intensamente la pérdida, que la sentirá diferente. Recuerda que Candela vive instalada en el presente, en lo inmediato, y le cuesta pensar a largo plazo, puede sentir que siempre va a ser así de doloroso e incapacitante.

Cuando se trata de comunicar la enfermedad grave de una persona querida cuyo desenlace puede ser la muerte, es importante seguir los mismos pasos, comunicar claramente, permitir las preguntas, respetar lo que suceda a partir de ahora y preparar la despedida. Los rituales nos ayudan a transitar el duelo, nos permiten compartir el dolor y darle espacio de reconocimiento a la persona que ha fallecido. Permite que Candela cree un ritual de despedida con fotos, poemas, vídeos... Recuerda que esta etapa es tremendamente creativa y que el proceso creativo puede ayudarla a expresar su tristeza y elaborar el duelo.

PARTE 5
LOS MANTRAS QUE TE
FACILITAN LA TAREA

¿QUÉ PUEDE AYUDARTE A
MANTENER EL FOCO?

Relee esta parte cuando tengas un mal día, cuando te sientas tentada de tirar la toalla o a Candela por el balcón, cuando creas que nada de lo que haces tiene sentido. Te ayudará a recordar por qué haces lo que haces.

PEQUEÑOS PASOS,
GRANDES LOGROS

Cuando te atrape la necesidad de ver los resultados, relee este capítulo. En el proceso de educar no hay que tener prisa. Cuando acompañamos a personas en su desarrollo debemos concentrarnos en el día a día. Vamos a ir, paso a paso, siguiendo las pautas con constancia. Vamos a concentrarnos en hoy. Vamos a contagiarnos de la curiosidad y la ilusión adolescentes. ¿Qué momentos emocionantes viviremos hoy? Cada mañana empieza el juego de nuevo. Cada día empieza una nueva aventura en el acompañamiento de Candela. Cuando despiertes, recuérdate la importancia de cuidarte y de enfocarte en observar cómo se abre paso hacia su vida adulta. Cómo busca, encuentra y elige. Cómo va creándose a sí misma con cada experiencia.

Acompañar la adolescencia es una actividad exigente, tu mente va a jugarte malas pasadas, va a querer ir más deprisa, va a querer ver resultados inmediatos, va a intentar convencerte de que lo que haces no tiene sentido, va a agarrarse a lo que hacías hasta ahora para sentirse segura, va a ponerte excusas para dejarlo para otro momento. Recuerda que un día empezaste este camino de educar con consciencia y que decidiste hacerlo por algún motivo, tu motivo. Ese fue el motor que te impulsó y que te permitió encontrarme y llegar hasta estas palabras. Ese motivo debe guiarte ahora y, a pesar de los momentos de incertidumbre, de los momentos agotadores, de los sustos, de las sorpresas, debes seguir paso a paso recordándote por qué lo iniciaste y hacia dónde te lleva.

El final de ese camino es una vida lo mejor posible para Candela y para ti. Es continuar tu vida adulta, hacia tu madurez, hacia tu vejez, sabiendo que le has dado espacio suficiente a una persona para que pueda crecer hacia sí misma y hacia el mundo, para que pueda encontrar el sentido de vivir. Hazte sensible a los pequeños cambios que se van produciendo y sigue adelante. Aprende a disfrutar de todos los momentos de la vida de Candela, hasta de los que está triste o enfadada, porque esos momentos son tesoros, oportunidades para estar a su lado y acompañarla. Respira y ten paciencia en los malos días porque incluso ellos tienen un final.

Un día Candela será adulta y tú tendrás un lugar privilegiado a su lado. Candela podrá empatizar contigo entonces, podrá valorar tu esfuerzo por acompañarla de la mejor manera posible, podrá verte como la persona que ha estado a su lado, de la que ha aprendido y que la ha ayudado a llegar a donde está hoy. Candela te respetará, se sentirá respetada y tendrá en gran estima tu opinión. Un día podrás recordar que lo hiciste lo mejor que pudiste, que no te rendiste y que la oportunidad de acompañarla a ella, además, te permitió volver a conectarte contigo misma.

Ahora concéntrate en seguir adelante, porque los pequeños pasos que das hoy serán los grandes logros de mañana.

LA ADOLESCENCIA
ES DE TODAS

Cuando aparezca una nueva persona adolescente en tu vida, relee este capítulo. Mírala con ojos curiosos, acércate a ella con auténtico interés por conocerla, escúchala y obsérvala bien. Cualquier persona adolescente se encuentra en un momento muy delicado de su vida que va a dejar huella en su desarrollo. Puedes hacer mucho por cualquiera de esas personas.

Tenemos una responsabilidad con las adolescentes que tenemos cerca, no solo con las que están a nuestro cargo. Si las personas adultas que deberían hacerlo no pueden acompañarlas, no las dejemos solas. Todas ellas necesitan atención, todas ellas necesitan límites, todas ellas merecen tener a personas que se preocupen por ellas y a las que puedan acudir cuando se sientan perdidas.

Suelo decir que no existen las «malas compañías» porque incluso las personas adolescentes que identificamos con ese apelativo necesitan a alguien que las acompañe. Ellas son el resultado de lo que han vivido hasta el momento; piensa más allá cuando te cruces con una de ellas e intenta imaginar la historia que tiene a sus espaldas. El abandono, el rechazo o el maltrato tienen muchas caras y causan grandes heridas. La ternura, la generosidad y la atención también dejan su impresión en ellas, no les des la espalda y aporta tu granito para que tengan una perspectiva diferente del mundo y de ellas mismas.

La adolescencia es de todas y en todas las adolescencias tenemos la oportunidad de contribuir para que el mundo sea un lugar mejor.

CADA CASO ES CADA CASO

Cuando no sepas cómo llegar a una adolescente en concreto, relee este capítulo. Más que como a «la adolescencia», deberíamos referirnos a ella como a «las adolescencias». No podemos hablar de una sola forma de ser adolescente porque hay muchos factores interviniendo en cada situación concreta. Por lo tanto, aproxímate a cada adolescente teniendo claras las generalidades de la etapa que ya conoces y dispuesta a probar diferentes pautas.

Vamos a acompañar a cada una de ellas desde la voluntad de entender lo que les funciona y a ponernos creativas para encontrar la forma de llegar a ellas, la puerta de entrada a su mundo. Algunas personas adolescentes la tienen escondida en un lugar remoto y oscuro. Otras tienen esa puerta a la vista y pintada de colores llamativos. Con algunas necesitaremos más tiempo para conectar, con otras en un minuto lo habremos conseguido.

Es importante que te des el tiempo necesario con cada una para encontrar la forma de entrar, que no te rindas a la primera de cambio y hagas sentencias que te alejen de la oportunidad de conocerla.

Reflexiona sobre lo que has hecho hasta el momento y, si no ha funcionado, prueba otra cosa. Quizá podemos llegar a ella a través de las preguntas, quizá de la música, de compartir una experiencia en la que pueda identificarse, de hacerle un plato rico, de ofrecerle un espacio que no tenga, de expresarle aprecio y valorarla, de usar el contacto físico moderado, de prestarle un libro en relación a un tema por el que expresó interés, de colaborar en algo que esté haciendo... Hay muchas formas de conectar con las personas adolescentes, todas basadas en las pautas para comunicarnos con ellas, no te rindas si no encuentras la forma de conectar a la primera y repasa la parte de este libro en la que hablamos de comunicación.

Cada caso es cada caso, pero para cada caso hay un espacio de encuentro, búscalo y cuando lo encuentres, experimentarás una sensación de gratificación enorme. Le habrás dado a esa adolescente un lugar único en el que encontraros y desde el cual seguir acompañándola.

CADA MOMENTO ES UNA OPORTUNIDAD EDUCATIVA

Cuando te agobie todo lo que hay que saber sobre la adolescencia, creas que es imposible que puedas hacerlo todo y sientas que se te escapan cosas, relee este capítulo.

Aunque la adolescencia es una etapa compleja sobre la que podemos aprender muchas cosas, vamos a centrar nuestra atención en la cotidianeidad. Más que pensar globalmente en la adolescencia, vas a pensar particularmente en cada persona adolescente de tu vida y en aprovechar al máximo cada momento de vuestra vida en común.

Como la adolescencia es una etapa en la que pueden escasear los momentos compartidos, vamos a valernos de las situaciones diarias. En educación, en los momentos ordinarios se encuentran los mayores tesoros. Aprovecha los viajes en coche, los momentos de las comidas, las salas de espera, los desplazamientos a pie... Todos los momentos en los que coincides con las personas adolescentes de tu vida son momentos preciados para educar. Puedes aprovechar cualquier cosa que pase mientras convivís para provocar que reflexionen, para trabajar en vuestra comunicación, para fortalecer vuestra relación, para llegar a un acuerdo, para validar sus emociones, para pedir su opinión, para ayudarla a encontrar las respuestas a sus preguntas... No necesitamos un momento solemne para dar una gran charla, necesitamos un pequeño momento cotidiano para que hagan o digan cosas y reflexionen sobre ellas. Cualquier situación que vivas con ellas es susceptible de convertirse en una oportunidad para educar. Hasta los momentos más incómodos te dan pie a usar el diálogo reflexivo, a plantear opciones distintas para mejorar la situación, para evidenciar las emociones que están presentes, para recordarles su valor y lo queridas que son, para hacer saltar la chispa de su curiosidad. Piensa para qué te puede servir el momento que estás viviendo ahora y enfócate en algo concreto que puedas trabajar ahora. Así convertirás cada momento en una oportunidad educativa y te acostumbrarás a estar con ellas en clave de aprendizaje.

CON SENTIDO DEL HUMOR ES MUCHO MEJOR

Relee este capítulo cuando no sepas cómo darle la vuelta a una situación que se ha encallado. A veces puedes sentir que has entrado en bucle. Cuando detectes que estás atascada en una situación con las personas adolescentes de tu vida, dale la vuelta. Haz todo lo contrario de lo que estabas haciendo o de lo que sueles hacer, haz un comentario que nunca harías, ponte a bailar, cántalo, piensa en cómo lo haría tu hermana y hazlo, en cómo lo haría tu abuela y hazlo... En definitiva, di o haz algo que le dé un giro de ciento ochenta grados a la situación. Algo inesperado. Algo inusual en ti. Descolocarlas y hacerlas reír rebaja la tensión y mejora las posibilidades de resolver el conflicto.

El sentido del humor es algo que no se puede forzar, así que si no dispones de él, no te obligues a tenerlo, pero es una estrategia que puede ayudar en momentos en los que nos sentimos estancadas o en los que no sabemos qué hacer. Con sentido del humor todo es mucho mejor y nos situamos en un lugar mucho más agradable para hacer frente a cualquier situación.

A EDUCAR SE APRENDE

Relee este capítulo cuando pienses que no eres capaz de seguir las pautas. Como las personas adolescentes que acompañas, tú también necesitas un tiempo para aprender y tienes tu propio proceso. Cada persona tiene su propio ritmo y es muy importante que lo respetes. Quizá algunas pautas que a ti te resulten muy sencillas de seguir, a otra persona le resulten muy complicadas. Quizá esas que a ti te resultan complicadas, a otra persona le resultan sencillas. Aprendemos probando, encontrándonos con nuestras limitaciones, cometiendo errores, sintiéndonos frustradas algunas veces y alegres por nuestros logros otras.

Aprender es un proceso que necesita cariño, estimulación, tiempo y un espacio en el que nos sintamos seguras para cometer errores. Si sentimos que nuestros errores son considerados signos de debilidad, si nos han hecho creer que equivocarnos es imperdonable, si han castigado nuestros yerros severamente, si no le hemos dado un lugar útil al error en nuestro desarrollo y lo hemos considerado algo fatal, nuestro aprendizaje se va a ver comprometido. Lo natural cuando se está aprendiendo algo nuevo es equivocarse. Si te cuesta seguir una pauta, si la estás siguiendo y se te escapa de las manos, si en ese momento haces algo y tenías que hacerlo de otra manera, no te castigues por ello. Echa mano de la autocompasión, abrázate tras tu error, felicítate por haberlo reconocido, piensa qué debes cambiar la próxima vez para mejorar y sigue adelante. Lo importante es que no te compares y que sigas practicando.

Continúa entrenándote en el arte de educar, en el arte del acompañamiento prudente de la adolescencia, y un día habrás olvidado que lo que sabes lo aprendiste alguna vez. Ese día, el día que olvides, será el día en el que realmente hayas aprendido. Ese día tu aprendizaje será visible solo para las personas que estuvieron a tu lado durante tu proceso y han seguido tu evolución. Esas personas se enorgullecerán de haberte acompañado en él.

Yo he sentido muchas veces ese orgullo, por eso puedo afirmar con seguridad que a educar se aprende, como puedo afirmar también que, en muchísimos casos, el proceso de aprender se olvida. Cuando lo que aprendes forma ya parte de ti, estás preparada para seguir sumando aprendizajes. Quiérete mucho en tus aciertos, pero quiérete más en tus errores y recuerda que un día habrás crecido, te sentirás capaz y habrás olvidado que hubo un tiempo en que no sabías cómo hacerlo.

EL CAMINO MÁS CORTO

Relee este capítulo cuando no entiendas a las personas adolescentes de tu vida, cuando sientas que has perdido el hilo de lo que les pasa.

Además de repetirte el mantra «No es personal, es cerebral», que te recuerda que ni todo lo que sucede tiene que ser comprendido porque es complejo e inevitable ni es contra ti, puedes hacer un ejercicio muy sencillo, vamos a hacer «arqueología vital».

Vamos a cerrar los ojos un momento y a visualizarnos con diecinueve años. Piensa en el pelo que llevabas, en cómo te vestías, cómo hablabas, en qué pensabas, qué música escuchabas, cómo era la relación con tu madre, quiénes eran tus amigas, qué te gustaba hacer, qué tal te iba en los estudios, si ya trabajabas, cuáles eran tus pensamientos recurrentes, cuáles tus preocupaciones… ¿Te acuerdas?

Puede ser complicado recordar con mucho lujo de detalles, pero estoy segura de que recordarás los *hits* de tu adolescencia. La persona con la que saliste por primera vez, aquella situación que te marcó, cómo te sentiste cuando quisiste hacer algo con toda tu alma y no te lo permitieron, la vez que desobedeciste y hubo consecuencias, la vez que hiciste algo de forma clandestina, la vez que mentiste, aquella vez que te sentiste traicionada por una amistad, el día que te encerraste en tu música y quisiste desaparecer, la vez que hiciste algo emocionante con tus amistades y fue épico, cuando descubriste tu vocación o escogiste unos estudios.

Cuando yo tenía diecinueve años, estaba empezando a vivir y ya había experimentado la gratitud de trabajar con personas. Tenía muchos sueños y metas. Algunos se hicieron realidad, otros no, y por el camino aprendí que la vida no va de cumplir sueños. Aprendí que la vida va de aprender a estar lo mejor posible con lo que hay en cada momento. Va de mover el culo y ponerse en acción para transformar lo que no nos hace sentir bien. Va de abrazarse fuertemente y no castigarse cuando no se puede mover el culo y ponerse en acción. Va de reconocer hasta dónde llego, hasta dónde llegas, lo que me duele, lo que no me gusta, lo que me enciende, lo que perdí, lo que encontré, lo que me facilita, lo que me dificulta, lo que no puedo, lo que tengo, lo que necesito, dónde nunca iré, dónde he estado, dónde estoy... Va de aprender y ese aprendizaje muchas veces duele.

¿Qué aprendiste tú? Tú, que has decidido acompañar a personas a la vida. Que estás aquí porque quieres contribuir a que su vida adulta sea un poquito mejor. Tú, que ya has aprendido mucho. Que ya sabes dónde no quieres estar. Tú que quieres que nunca les falte un plato en la mesa, un pensamiento agradable al que agarrarse, una voz al otro lado, una mano que las ayude a levantarse si todo se tuerce, la fuerza para volver a intentarlo, la ilusión de levantarse cada día solo porque están vivas y porque hay alguien con quien compartir esa alegría. Crees que no las entiendes, pero sí que lo haces.

Estás aquí porque quieres dar ese espacio que quizá no te dieron, acompañar esas experiencias en las que no te acompañaron y brindar esas oportunidades que no tuviste.

El camino más corto hacia otra persona es a través de una misma. Si recuerdas a tu yo adolescente podrás recuperar ese hilo que te ayuda a conectar con las personas adolescentes de tu vida. Esa conexión te dará la fuerza para ser, estar y seguir aprendiendo junto a ellas. A pesar de que todo parezca que está mal. A pesar de que las decisiones no sean las mejores, de que no sepamos qué hacer o decir. A pesar de creer que están haciéndolo todo mal (cosa que no suele ser cierta, por otra parte). A pesar de que no consigas que hagan lo que quieras (porque quizá no deban hacerlo, por otra parte).

Lo más importante, lo que más las va a ayudar a ser quienes son y aprender a funcionar en esta sociedad de forma autónoma, es que estés presente, sin juicios y sin reproches. Comprendiendo el momento por el que pasan. Lo que pueden y no pueden hacer. Lo que necesitan. Que estés y que seas. Con tu ejemplo, con tu forma de vivir, tus hábitos, tu manera de comunicarte las educas. Ser tú las educa. Reflexiona y revísate. Puede que revisarte te duela. Puede que ellas te pongan un espejo para que te veas bien y no te guste lo que veas, pero si tu compromiso con su educación es real, no ignorarás el mensaje del espejo. Sé y está, no queriendo ser perfecta, sino queriendo mejorar para ser la persona adulta que necesitan en su vida, o sea, tú. Que tu miedo no les corte las alas. Que tu ejemplo las inspire. Gracias por ser, por estar y por querer aprender conmigo.

RECAPITULANDO

Cuando te atrape la necesidad de ver los resultados, recuerda el motivo por el que empezaste a educar con consciencia, céntrate en el día a día y no te quepa duda de que tus pequeños pasos de hoy serán grandes logros mañana.

Cuando aparezca una nueva persona adolescente en tu vida, recuerda que está en un momento delicado de su desarrollo, que tú puedes hacer mucho por ella y que la adolescencia es de todas.

Cuando no sepas cómo llegar a una adolescente en concreto, recuerda que la creatividad te permitirá encontrar lo que funciona para cada una, que cada caso es cada caso y que para cada caso hay un espacio de encuentro que debes buscar.

Cuando te agobie todo lo que hay que saber sobre la adolescencia, concéntrate en la adolescente que tienes delante, centra tu atención en lo cotidiano y convierte cada momento en una oportunidad educativa.

Cuando no sepas cómo darle la vuelta a una situación que se ha encallado, recuerda que puedes sorprenderla haciendo algo inesperado, que si nos reímos, mejoramos las posibilidades de resolver la situación y que con sentido del humor siempre es mejor.

Cuando pienses que no eres capaz de seguir las pautas, recuerda que tú también necesitas un tiempo para aprender, que los errores son parte del proceso y que a educar se aprende con tiempo, intención y cariño.

Cuando no entiendas a las personas adolescentes de tu vida, recuerda el momento en el que están, echa la mirada atrás para ver tu adolescencia y conéctate a ellas a través de ti porque el camino más corto hacia la otra persona es a través de una misma.

AGRADECIMIENTOS

Mi primer agradecimiento es para mi querida Cristina, que me animó a escribir con su historia, a quien le debo el título del libro, que me dejó reinventarla y ponerme creativa con ella. A Candela, por prestarme su nombre y por inspirarme con su luz. A Aida por darme apoyo en los momentos más duros del proceso. A mi compañero de vida, Jorge, sin cuyo aliento y apoyo hubiese sido absolutamente imposible escribir este libro. A Mireia y su bonita familia. A Raquel, Ana, Gemma, David y Dani, mis amistades de adolescencia. A mi querida Kilalia. A mis queridas amigas, las MUJERES. A mi familia al completo, que me ha permitido llegar hasta aquí siendo quien soy y a quien debo los mayores aprendizajes de mi vida. Os quiero.

Me gustaría agradecer a mi gran comunidad de Instagram sus ganas de aprender, su confianza, su respeto y la oportunidad de compartir todo lo que he aprendido en mis más de veinte años acompañando adolescentes.

Quisiera dar un agradecimiento especial a las personas de La Tribu, el grupo de ayuda mutua para familias de adolescentes que acompaño semanalmente y que me inspira diariamente con su esfuerzo y compromiso.

Gracias a mi equipo Inspira de mentoras sociales por creer en la fuerza del voluntariado para acompañar la adolescencia más vulnerable.

Gracias a todas las compañeras de trabajo que he tenido, a los equipos que he coordinado, a las estudiantes que un día me dejaron ser tutora de sus primeros pasos en el mundo de la educación social.

Y, sobre todo, quiero darles las gracias a mis grandes maestras: todas las personas adolescentes que en estos más de veinte años me han permitido que las acompañe durante un tramo del camino de sus vidas y en tantos aspectos y momentos diferentes. De ellas he aprendido que la adolescencia es una etapa delicada pero maravillosa de la vida y me han invitado a mirar hacia la mía con amor y respeto. Ellas me han contagiado su entusiasmo y me han permitido seguir conectada con el presente. De su recuerdo he sacado la fuerza suficiente para escribir. Gracias a todas las personas que valoráis mi trabajo y que queréis aprender a mi lado.

Finalmente, quiero darme las gracias a mí misma por haber llegado hasta aquí y por tener el coraje de aceptar y reconocer mi valor. Todas y cada una de nosotras somos personas valiosas, hagamos lo posible por aceptar y reconocer nuestro valor ante nosotras mismas, es lo más difícil y, a la vez, lo más inspirador.

Decía Rousseau que «Para hacer escuchar lo que decimos, es necesario ponerse en el lugar de aquellos a quienes uno se dirige», esto es, empatizar y comprender; hablar su propio lenguaje. Ahora bien, ¿cómo lograr comprender la mente y el corazón del tan complicado y voluble adolescente? Difícil, pero no imposible. Sara, excelente educadora y comunicadora, tiene las pautas precisas para guiarnos por este tortuoso y a la vez, fascinante camino y, no solo aprender y lograr resultados, sino a disfrutar haciéndolo. Un viaje que, sin duda, vale la pena emprender.

DAVID JANER, actor y filósofo

Hablar sobre la adolescencia con naturalidad, sin dramas y con una mirada positiva, como hace Sara, es imprescindible para que las familias afrontemos esta etapa con optimismo y sin sufrir por anticipado.

MÓNICA DE LA FUENTE, directora de Madresfera

La adolescencia, que todos hemos pasado como hemos podido, necesita de un acompañamiento paciente, objetivo y con mucho sentido común que a veces a los padres nos falla. Solo puedo decir que ojalá hubiese tenido la sabiduría de Sara para acompañarme en esos momentos de mi vida. Padres, esto es lectura obligada.

ANDREA VILALLONGA, experta en comunicación e impacto positivo

Cuando amor, humor y paciencia no sin suficientes, ahí está Sara para ayudarnos en la difícil tarea de sobrevivir a la adolescencia de nuestros hijos. Gracias por hacerlo siempre con una sonrisa.

OLIVA_SINHACHE, *influencer* y madre

Un día nos cruzamos por el barrio del Raval, después llegaron aventuras cinematográficas con jóvenes en Marruecos, y desde entonces, el contacto y el cariño por el trabajo educativo con adolescentes y jóvenes nos hizo inseparables, de lo laboral a lo más personal. Sara es de aquellas personas que no dejan indiferente a nadie. Dedicación, empuje, motivación, proactividad y amor por la profesión de la educación social.

ADRIÀ JURADO, director de la Asociación Educativa Integral del Raval

Sara Desirée es un soplo de aire fresco. Sin dramas, con mucha empatía y desde su experiencia como educadora social nos comparte su pasión por los adolescantes y nos acerca a comprenderles y entenderles mejor. Con su sempiterna sonrisa es, sin duda, el acompañamiento perfecto para todas aquellas personas que queremos disfrutar y conectar con los adolescentes de nuestra vida.

SUSANA FUSTER, periodista y
experta en comportamiento no verbal

Descubrí a Sara por las redes sociales y me interesó su manera de contar acerca de las personas adolescentes. Con ocasión de un café, nos desvirtualizamos y mi intuición fue fiable. Había descubierto a una compañera de trabajo en la que se puede confiar. Después de eso, he derivado algunas familias a su espacio de atención y siempre han salido satisfechas con su enfoque y ayuda. Directa, amorosa y creativa, no hace falta más.

VÍCTOR AMAT, psicólogo punk

Vivimos en tiempos de personas fuertes y valientes, de personas resilientes como Sara Desirée, que han descubierto que en el trabajo de ayuda a los demás se encuentra el verdadero sentido de su vida. Vocacional, ingeniosa, brillante… Sara Desirée Ruiz es una de las mejores cosas que te pueden pasar en la vida y así se desprende de los comentarios de las familias a las que ha ayudado, de las páginas de su blog, de sus libros y ahora también de la tribuna de Hacer Familia, desde donde agradezco todo su amor, esfuerzo y dedicación profesional a los adolescentes.

MARISOL NUEVO ESPÍN, editora
webmaster de Hacerfamilia.com

La adolescencia es una de las etapas cruciales de la vida. Es la segunda oportunidad que todos hemos pedido alguna vez. Sara lo sabe muy bien y por eso, desde su conocimiento y experiencia, ayuda a tantos padres a entender que lo que ocurre en esta etapa es cerebral y no personal. Todo esto, inundado de grandes dosis de humor y positividad que tanto caracterizan a Sara Desirée. Deseando contar con su nuevo libro para acompañar a las personas adolescentes.

DIANA C. JIMÉNEZ, psicóloga y educadora de Disciplina Positiva